Collection Internationale des Juristes Populai...

II

Georges CORNIL

LE DROIT PRIV

ESSAI

DE

SOCIOLOGIE JURIDIQUE SIMPLIFI

*Veniet tempus, quo posteri
tam aperta nos nescisse mir*
SÉNÈQU

*L'ineffable concert ne se tait j
dans le monde ; seulement l'o
n'est pas toujours prête à l'ente*
SAAD

MARCEL GIARD

LIBRAIRE-ÉDITEUR

13, RUE SOUFFLOT ET 12, RUE TOULLIER

PARIS (5e)

1924

LE DROIT PRIVÉ

Collection Internationale des Juristes Populaires

Georges CORNIL

LE DROIT PRIVÉ

ESSAI

DE

SOCIOLOGIE JURIDIQUE SIMPLIFIÉE

*Veniet tempus, quo posteri nostri
tam aperta nos nescisse mirentur.*
SÉNÈQUE.

*L'ineffable concert ne se tait jamais
dans le monde ; seulement l'oreille
n'est pas toujours prête à l'entendre.*
SAADI.

MARCEL GIARD
LIBRAIRE-ÉDITEUR
11, RUE SOUFFLOT ET 12, RUE TOULLIER
PARIS (5e)
1924

PRÉFACE

Cette étude de sociologie juridique appliquée a sa place naturellement marquée dans la *Collection internationale des juristes populaires*. Et à un triple titre : par la personnalité de l'auteur, par la nature des sujets traités, par le ton et la forme qui y sont donnés à l'expression de la pensée juridique.

Né à Charleroi le 13 mai 1863, docteur en droit de l'université de Bruxelles en juillet 1884, élève de Windscheid à Leipzig et de Jhering à Gœttingue en 1884-1885, agrégé en 1890, chargé de cours en 1892, professeur extraordinaire en 1895, professeur ordinaire en 1900, Georges Cornil enseigne depuis trente-trois ans à l'université de Bruxelles et, depuis la mort d'Alphonse Rivier, il y supporte seul la lourde charge de l'enseignement du droit romain. En l'élisant membre correspondant en 1911, membre titulaire en 1919, l'Académie royale de Belgique a rendu hommage à la haute probité et à la valeur sociale d'une œuvre scientifique qui, amorcée en 1890 par une thèse d'agrégation sur *La publicité de la propriété dans le droit romain*, avait marqué ses principales étapes par des livres comme *Le louage de services ou contrat de travail* (1895), *L'assurance municipale contre le chômage involontaire* (1898), le *Traité de la possession dans le droit romain, pour servir de base à une étude*

comparative des législations modernes (1905), et par de
nombreuses et importantes études parues dans la *Revue de
droit international et de législation comparée*, la *Nouvelle
Revue historique de droit*, le *Bulletin de la classe des
lettres... de l'Académie royale de Belgique* et divers autres
recueils : *Contribution à l'étude de la patria potestas* (1897),
L'évolution historique de la vente consensuelle (1901). *La
protection possessoire dans les leges barbarorum* (1907),
Philosophie et droit privé (1907-1908), *Le problème des
origines du droit* (1910). *Les codes modernes et le droit
romain* (1912). *Quelques considérations sur la réception
du droit romain en Allemagne* (1919). Il a donné un
remarquable couronnement à cette longue et vaste production scientifique en publiant en 1921 un travail
d'ensemble : *Droit romain. Aperçu historique sommaire
ad usum cupidæ legum juventutis* qui, en même temps
que le plus récent des manuels de langue française, est
aussi le mieux adapté aux besoins actuels de nos étudiants,
celui qui peut le mieux leur faire comprendre l'utilité
pratique des études de droit romain.

On voit assez par cette énumération incomplète que,
tout en menant de front l'étude du droit civil belge et français et l'étude du droit romain, Georges Cornil a toujours
marqué sa prédilection pour le second de ces cercles
d'études qui constitue le principal terrain de rencontre
et de coopération entre juristes des divers pays de
l'Europe continentale. Dans cette branche de la littérature juridique, où sévissent les modes de l'érudition

philologique et historique, il a apporté sa note indépendante, sa facture personnelle en faisant appel à l'histoire comparative du droit pour éclairer les mystères du droit romain, en suivant la jurisprudence romaine jusqu'à ses points de pénétration dans les codes modernes et en l'envisageant comme l'une des forces propulsives sous l'action desquelles nos jurisprudences nationales se développent en se rapprochant les unes des autres. Par là s'affirme dans l'ensemble de l'œuvre antérieure de Georges Cornil le sens de l'universalisme des phénomènes juridiques, la claire vision de la solidarité scientifique qui, en dépit des obstacles dressés par la diversité de leurs traditions et de leurs techniques, doit s'établir entre tous les juristes du monde civilisé ; en un mot l'esprit international.

On aperçoit aisément la portée sociologique de ce petit livre où l'auteur vérifie le mécanisme d'élaboration du droit civil à la lumière des faits sociaux, et non plus de fictions constitutionnelles ou de postulats scientifiques dont l'expérience a révélé la naïveté, où il décrit les transformations qui s'opèrent sous nos yeux trop souvent inattentifs dans l'agencement des rouages de cette machinerie juridique, ou dans son fonctionnement pratique, et soumet à une analyse critique les méthodes actuelles d'action du droit privé, ses directives générales, ses fins de politique sociale. Les mouvements d'ensemble du droit contemporain qu'il observe et analyse se produisent sous la poussée de forces qui se font sentir, quoique avec une inégale intensité, dans tout l'ensemble de la communauté internationale, — concentration industrielle et capitaliste, développement de l'organisation syndicale, progrès du féminisme, multiplication des industries, des occupations ou des métiers grevés, comme le disent les arrêts américains, d'un intérêt public, réactions juridiques des inventions scientifiques et des formes nouvelles d'activité économique, — facteurs qui tous contribuent à unir les droits locaux dans un ciment de plus en plus compact d'internationalité.

Le problème des rapports de la loi et de la jurisprudence, du droit législatif et du droit judiciaire, auquel Cornil accorde à juste titre les honneurs de la vedette, se pose avec autant d'acuité dans le monde anglo-saxon, et surtout aux Etats-Unis, que chez les peuples de l'Europe continentale. La réaction qui, dans les pays à droit codifié, se dessine contre le dogme de l'aptitude de la loi à tout prévoir et tout régler, rencontre sa contre-partie naturelle sur l'autre bord de la Manche ou de l'Océan dans une réaction contre l'hégémonie de la loi judiciaire ou *common law*. Les pages où le romaniste belge définit les raisons d'être et la portée de l'autorité de fait accordée à la jurisprudence des tribunaux trouvent leur complément et leur illustration dans celles où le maître américain, John H. Wigmore, a signalé les tempéraments et les limitations que la pratique tend à introduire dans le dogme anglais de la force impérative et illimitée du précédent judiciaire.

Ce n'est pas seulement en France ou en Belgique, en

Allemagne ou en Suisse que l'on a vu surgir ces doctrines
à visées réformatrices — doctrine de l'abus des droits, de
la responsabilité du risque créé, de la responsabilité du
dommage produit par le dépassement des incommodités
habituelles de voisinage, doctrine de l'imprévisibilité, —
que l'auteur a groupées dans son dernier chapitre comme
les manifestations variées d'un même mouvement d'assouplissement du droit tendant à le rapprocher de la morale
et de l'équité et à apporter plus de justice véritable dans
son application, par conséquent à la nuancer et à l'indivi-
dualiser. Sans doute, la doctrine subjective de l'abus des
droits n'a eu qu'un règne contesté et éphémère dans la
jurisprudence anglaise sous la forme de la théorie de la
malice qui considère l'intention de nuire comme suffisant
à rendre illicites des faits qui sans cet ingrédient resteraient
licites. Mais elle a reçu des développements intéressants
dans l'autre grand rameau du *common law*. Et l'adaptation des chapitres neufs et vivants du droit à la complexité et à la diversité croissantes des espèces soumises aux
juges est plus avancée aux États-Unis, peut-être même
en Angleterre, que dans les pays latins et germaniques.
Cornil relève fort justement que les doctrines aux contours
indécis, qui gravitent, en s'entrecroisant, autour de notre
théorie de l'abus des droits, visent à réaliser une « individualisation judiciaire des droits privés » comparable à ce
qu'est, dans le cercle du droit criminel, l'individualisation
de la peine. La marche inévitable du droit privé vers un
idéal de plus en plus accentué d'individualisation de sa

mise en œuvre judiciaire est aussi la conclusion qui ressort de suggestifs articles où le doyen de l'école de droit de l'université Harvard, Roscoë Pound, a retracé le développement au travers de la jurisprudence américaine, — il pourrait être aussi facilement suivi dans la jurisprudence anglaise, — du *jugement sur standards* au détriment du *jugement sur règles* : la substitution progressive de directives souples et équitables aux règles aveugles et mécaniques comme guides de l'action judiciaire.

Les grands problèmes de sociologie juridique agités ici par Georges Cornil s'universalisent, non pas seulement en ce sens qu'ils se posent en des termes similaires à l'attention de tous les juristes du monde civilisé, mais en ce sens aussi que les légistes ne peuvent plus les résoudre seuls et dans leur cercle intime de professionnels. L'évolution séculaire, qui mène — trop lentement sans doute — le droit des régimes d'ésotérisme au régime de l'élaboration en plein jour, paraît bien être entrée dans l'une de ses phases décisives. L' « homme de la rue », comme dit Cornil, ou du moins l'élite pensante et agissante des laïques, veut et sait aujourd'hui faire entendre sa voix dans la discussion de ces problèmes primordiaux. Au sein de chacune des classes qui coopèrent au développement économique de nos sociétés se forme une conscience du groupe, une vision syndicale du droit, un corps de représentations collectives du juste et de l'injuste né de la perception des intérêts généraux du groupement et des conditions nécessaires au plein rendement de son activité sociale. De plus en plus

le rôle du juriste — législateur, juge, praticien ou homme
d'études, — se bornera à chercher les conciliations oppor-
tunes entre ces croyances collectives également fortes
et respectables. Pour avoir chance de les découvrir
et de les faire accepter, il faudra de plus en plus qu'il com-
prenne ceux qui expriment les vues et les aspirations des
groupes intéressés et surtout qu'il sache se faire comprendre d'eux.

Au cours de la présente année un membre de la magistrature fédérale américaine, le juge Amidon, a soulevé
dans la presse judiciaire, et même dans la grande
presse américaine, un mouvement de curiosité étonnée en
rédigeant une *injonction* — l'un des arrêts de justice les
plus graves par leur caractère de mesures préventives et de
mesures de juridiction sommaire — en un anglais courant,
dégagé de toute phraséologie légale et en formulant les
défenses qu'il adressait aux chefs d'organisations ouvrières
à l'occasion de conflits du travail en des termes com-
préhensibles pour la masse des gens du peuple. Le jour
viendra sans doute où, même en terre anglo-saxonne, le
geste du juge Amidon pourra être reproduit sans que personne soit tenté de le considérer comme un geste révolutionnaire ou tapageur. Les universitaires qui dirigent l'éducation professionnelle des juristes hâteraient peut-être
l'avènement de ce jour en imitant l'exemple d'un des
maîtres les plus écoutés de la science du droit romain qui
délaisse un instant ses recherches historiques pour faire
œuvre de juriste populaire. Ce substantiel petit volume

formera non seulement pour les étudiants de Bruxelles, mais aussi pour beaucoup de nos étudiants français, le « premier livre de jurisprudence » au sens anglais du mot, le guide initial qui, au moment où ils vont aborder l'étude fastidieuse de notre vocabulaire et de notre classification techniques, leur présentera le droit sous ses aspects vivants, mobiles et humains. Dès le début il les prémunira contre la tentation de chercher le dernier mot ou la moëlle de la science du droit dans le dédale de nos règles, nos principes et nos constructions juridiques.

Edouard LAMBERT

AVANT-PROPOS

> Rien suivant la seule raison n'est juste en
> soi. Tout branle avec le temps.
>
> PASCAL.

Les époques de transformation rapide nous imposent des rétrospections fréquentes.

Au regard du milieu actuel, dans lequel s'épanouit notre maturité ou s'ouvre notre vieillesse, il convient d'évoquer souvent le milieu si différent où baigna notre jeunesse.

Ce repli sur nous-même, qui déroule à nos yeux le film du chemin parcouru, nous permettra de saisir la portée et la beauté des réalités nouvelles, et nous épargnera toute tentative aussi pénible que vaine de nous cramponner désespérément à un passé définitivement révolu.

Le poète a pu chanter l'âge mûr en ces beaux vers (1) :

> Le bel âge qui me couronne
> Prend chaque jour la gravité
> D'une mourante fin d'été
> Et d'un commencement d'automne.
>
> . . . .
>
> . . . .
>
> Et la chute de cette feuille
> Aux lisières de la forêt,
> M'avertit qu'il faut, ô Regret,
> Qu'on se résigne et qu'on t'accueille !

(1) Pierre CAMO, *Le livre des Regrets*, Paris, Garnier frères, 1920.

Cependant, à mon sens, il n'est pas interdit que la résignation du vieillard se double d'un effort, non point de réaction, mais de compréhension et d'adaptation.

Les hommes qui atteignent aujourd'hui la soixantaine ont été les spectateurs de formidables transformations dans le monde matériel. Ils ont connu la vie sans tramway, ni bicyclette, ni automobile, sans téléphone, ni lumière électrique, ni machine à écrire, ni phonographe, ni cinéma. Ils ont assisté aux expériences des premiers hommes volants, qu'on traitait d'idéalistes complètement fous et qui se rompaient d'ailleurs régulièrement les os.

Dans le domaine des sensations, les transformations n'ont pas été moins profondes, au cours du dernier demi-siècle. La sensibilité d'une jeunesse, dont les rêves furent bercés par les vers d'Hugo et de Lamartine, est-elle semblable à la sensibilité qui s'exalte plus discrètement à la lecture d'un Paul Valéry ou d'un Charles Vildracq ?

Le mouvement des idées fut-il moins intense ? Les transformations profondes d'ordre matériel et sentimental ne s'accomplirent-elles pas au milieu d'un véritable bouillonnement d'idées ? Peut-être la masse ne ressent-elle pas toujours le bonheur d'appartenir à une époque de rénovation de la pensée. Elle prise généralement davantage une morne stagnation des idées, qui procure à chacun une existence béate, s'écoulant monotone et sans soubresaut, dans une paisible torpeur intellectuelle et une douce quiétude morale. Mais qui pourrait croire sérieusement aujourd'hui à pareil engourdissement de la pensée ?

Loin d'envisager ici tous les aspects de la pensée humaine, nous nous confinerons dans le domaine propre aux idées juridiques ; et dans ces limites étroites, les jurisconsultes d'âge mûr se trouvent avoir reçu naguère un enseignement dont les principes fondamentaux sont aujourd'hui singulièrement ébranlés. Aussi malheur à eux, s'ils restent prisonniers des idées de leur jeunesse.

Ce petit livre se propose avant tout de mettre nos juristes d'âge mûr en garde contre une cristallisation fâcheuse de leur pensée. Car les hommes de cette génération occupent actuellement les postes avancés du droit appliqué ; et si, sans se rendre compte de la marche rapide des idées, ils restaient obstinément fidèles à l'évangile de leur jeunesse, ils risqueraient d'être incompris des justiciables d'aujourd'hui, et compromettraient par là l'équilibre de la vie sociale.

Une révision de la pensée juridique n'est pas moins utile aux nouvelles couches de juristes, parce qu'en leur montrant la rapidité du chemin parcouru, elle leur enseigne que le mode de penser qui les satisfait aujourd'hui n'est pas plus définitif que ses devanciers et que lui aussi fera place un jour à des idées nouvelles, au fond desquelles il ne laissera à son tour qu'un léger dépôt sédimentaire.

Enfin les gens du monde, qui restent tout à fait étrangers à la carrière juridique, n'auront-ils pas aussi quelque profit à prendre contact avec le mystère de l'élaboration des règles du droit ? Et c'est à l'intention de ceux-ci que nous avons donné à notre exposé une forme très simple, émondée de toutes les subtilités rebutantes de la technique juridique.

Pour frapper davantage l'imagination de cette dernière catégorie de lecteurs, il eut convenu peut-être d'intituler cet essai : « *Frigidité de la Loi et Ardeur du Juge* » : ce titre mettant plus vivement en relief l'une des conséquences majeures qui se dégage de nos observations.

En effet dans l'organisation sociale actuelle, il est permis de représenter l'image concrète du droit appliqué, comme le fruit d'un accouplement de la Loi et du Juge.

La vie conjugale du Juge et de la Loi partage le sort commun : elle n'est pas sans nuage. De même que dans la plupart des ménages, c'est tantôt l'un des conjoints, tantôt l'autre, qui s'assure la primauté. Or il semble qu'actuellement il y ait une tendance de la Loi à laisser prendre au Juge une part prépondérante dans la génération des formules concrètes du droit privé.

LE DROIT PRIVÉ

CHAPITRE PREMIER

Notion du Droit
et
Rapport entre la Force et le Droit

> La persistance des théories autoritaires et
> prétendues conservatrices, toujours prêtes à
> se traduire en actes dans la politique et à
> tout bouleverser par la ruse ou par la force,
> prouve combien il importe de soumettre à
> l'analyse leurs principes fondamentaux.
>
> Alfred Fouillée.

L'introuvable définition du droit. — Les mots le
plus communément employés ne sont pas toujours ceux
que nous comprenons le plus exactement.

Il en est ainsi du mot « Droit ».

Ce mot est sur les lèvres de tout le monde, cependant
que nous assistons au spectacle un peu déconcertant de
savants éminents qui, après avoir consacré une longue et
laborieuse carrière à l'étude et l'enseignement du droit,
s'avisent de couronner leur œuvre par la découverte d'une
définition du droit. Faut-il ajouter que ces définitions,

fruits de toute une vie de méditations, concordent rarement ? (1)

Il semble que, par sa nature, le droit se dérobe à toute définition précise ; et ce phénomène, outre qu'il stimule très heureusement le zèle des chercheurs, témoigne moins d'une infirmité du droit lui-même, que d'une infirmité de notre esprit à la poursuite d'une illusoire clarté, impuissante à traduire fidèlement la réalité complexe des choses. « La clarté des notions est plus un besoin de l'esprit affamé de sécurité, qu'une traduction de la réalité complexe des choses (2). »

Si une véritable définition du droit est périlleuse et peut-être introuvable, on peut s'essayer pourtant à décrire le droit par sa fonction ; et il est permis d'espérer que, en s'engageant dans cette voie, on réussisse à serrer d'aussi près qu'il est possible la notion du droit.

Les forces normatives de la vie sociale : religion, morale, droit. — On sait que l'histoire se refuse à remonter jusqu'à l'origine de la société ; car nous ne con-

(1) On trouvera une revue critique des principales définitions du droit, dans LEVY-ULLMANN (Henri), *Éléments d'introduction générale à l'étude des sciences juridiques, I La définition du droit*, Paris, 1917. Pour ce qui est des pays étrangers, on consultera utilement, sur la manière de mettre en lumière le concept « droit », quelques publications récentes, telles que : HUBER (Eugen), *Recht und Rechtsverwirklichung*, Bâle 1920 ; STAMMLER (Rudolf) *Lehrbuch der Rechtsphilosophie*, Berlin et Leipzig, 1922 ; KOHLER (Josef), *Lehrbuch der Rechtsphilosophie*, 3e éd., Berlin, 1923 ; POUND (Roscoe), *An introduction to the philosophy of law*, Londres, 1922 ; La *Rivista internazionale di Filosofia del Diritto*, de DEL VECCHIO, PAGANO et VACCA, Gênes, depuis 1921.

(2) DEMOGUE (René), *Les Notions fondamentales du droit privé*, Paris, 1911, p. 11.

cevons pas l'homme en dehors de la société. Si haut que nous remontions, il nous est impossible d'apercevoir le point d'irruption de l'état social : nous ignorons tout d'une prétendue transition d'un chimérique état asocial, à l'état social. Force est donc à l'historien des institutions d'opérer avec cette donnée acquise, qu'est l'état social, sans en connaître l'origine.

La société est une collectivité, dont la vie est faite d'activités multiples et complexes, entre lesquelles doit régner un équilibre. Impossible de concevoir une société, où toutes les activités particulières qui s'affrontent seraient désordonnées, parce que, en cet état, loin de s'intégrer à l'activité collective, c'est-à-dire à la vie sociale, elles la détruiraient.

La vie sociale implique, en d'autres termes, qu'un certain rythme soit imprimé aux activités individuelles, afin de les concilier. Ce rythme est révélé à chacun par son instinct, qui resta longtemps sans doute une impulsion aveugle ; mais il advint pourtant que l'instinct du rythme de la vie sociale devint un instinct conscient ; et quand chacun eut pris, en quelque mesure, conscience de l'instinct qui le pousse à rythmer son activité pour l'harmoniser avec celle d'autrui, on se représenta le rythme de la vie sociale comme le fruit d'une réglementation imposée aux activités individuelles.

Pareille représentation intellectuelle évoque à son tour la pensée que c'est une force, qui impose un rythme déterminé à toutes les activités particulières, dont l'ensemble harmonique constitue la vie sociale ; et l'on s'attache dès lors à préciser l'idée de cette force à laquelle obéit l'activité sociale.

Cette force est envisagée primitivement comme une émanation des puissances supérieures et mystérieuses, désignées sous le nom de divinité : c'est la crainte des dieux qui réfrène les appétits individuels désordonnés ; l'ordonnance de la vie sociale est purement religieuse (1).

Peu à peu et à la suite d'une lente évolution, l'esprit humain réussit à analyser plus clairement le sens de la dépendance réciproque qui se dégage des expériences journalières de la vie en société. L'homme se rend compte désormais que c'est moins par amour des dieux que dans son propre intérêt, qu'il tempère ses appétits.

Les prescriptions normatives de la vie sociale tendent dès lors à dépouiller le caractère de préceptes divins ; ou plus exactement, il s'opère alors une différenciation de deux catégories de prescriptions normatives de la vie en société : Les unes, sollicitées par l'intérêt le plus directement sensible à la masse, se bornent à déterminer le rythme de la vie matérielle ou économique ; ce sont les règles du droit. D'autres, inspirées par le besoin d'harmonie dans l'ordre intellectuel ou suprasensible, conservent plus longtemps le caractère de préceptes religieux, parce que, dans ce domaine, l'intérêt immédiat de l'homme est moins aisément perceptible pour la masse, et qu'en conséquence l'adjuvant de la crainte des dieux n'est point superflu.

Mais voici que les vues de l'humanité s'élargissent ; les hommes se rendent toujours plus nettement compte que la solidarité impose des devoirs aussi impérieux à

(1) Sur ce point, on pourra consulter quelques réflexions sur *le problème des origines du droit*, publiées naguère dans la « Revue de droit international et de législation comparée » 1910, p. 482 et s.

leur activité intellectuelle et affective qu'à leur activité matérielle ou économique ; alors, à côté des prescriptions juridiques, un nouveau groupe de prescriptions normatives de la vie sociale se sécularise, les prescriptions morales.

Ainsi l'ensemble des prescriptions normatives de la vie sociale se trouve aujourd'hui réparti en trois groupes : la religion, la morale et le droit. La religion réunit les préceptes normatifs des activités humaines, conditionnées par les puissances mystérieuses de la divinité ; elle fournit, en d'autres termes, la réglementation des rapports, que crée entre les hommes la dépendance de ceux-ci au regard de la puissance inconnue de la divinité. Les préceptes divins sont irraisonnés ; ils sont révélés. Par contre les prescriptions de la morale et du droit sont raisonnées : elles sont inspirées à l'homme par le sens raisonné de la solidarité. De cette réglementation raisonnée imposée à l'activité humaine, la partie qui envisage les activités purement intellectuelles et affectives, relève de la morale, tandis que la partie qui s'en tient à l'aspect matériel ou économique des activités humaines, relève du droit.

L'imprécision des sciences morales et politiques. — On sait que les sciences, qui s'attachent à déterminer la notion et l'évolution des forces normatives de la vie en société, sont dites morales et politiques.

Naguère on distinguait communément les sciences morales et politiques, des sciences dites exactes, et l'on réservait à ces dernières le monopole des règles et formules absolues et définitives. Ceci conférait aux sciences exactes le prestige de la science par excellence, et en tout cas une supériorité un peu hautaine sur les sciences morales et politiques.

Mais voici que les sciences dites exactes sont menacées de perdre ce prestige ; car la doctrine de la relativité se propage et tend maintenant à envahir tous les domaines de la science. A peine trouve-t-on encore quelques formules absolues, reléguées dans le domaine abstrait et purement formel de la science mathématique. Par contre dans les sciences basées sur les données de l'expérience, il arrive que les données expérimentales les plus nouvelles trouvent aujourd'hui leur explication dans les théories relativistes.

C'en est donc fait des règles absolues et définitives. Les sciences dites exactes méritent-elles encore cette qualification, si elles aussi ne nous livrent plus que des approximations ? Les voici au même plan que les sciences dites morales et politiques. Est-ce là une déchéance ? Il serait peut-être téméraire de qualifier ainsi un phénomène déduit d'une observation plus attentive et plus rigoureuse de la réalité.

Si paradoxal que ceci pût paraître, j'affirmerais volontiers que l'imprécision des sciences dites morales et politiques est l'indice heureux de la supériorité de ces sciences : si elles sont imprécises, c'est parce qu'elles réussissent à serrer de plus près la réalité complexe des choses.

Un raisonnement emprunté aux mathématiques fera peut-être mieux saisir l'imprécision congénitale des sciences morales et politiques : Nous attendons de ces sciences une traduction fidèle de la réalité complexe des choses. Or est-il possible de poser une équation entre deux grandeurs si disparates, que des règles définitives figées dans des formules d'une précision absolue, et d'autre part le mouvement perpétuel imprimé au milieu social par l'enchevêtrement d'actions et réactions réciproques toujours changeantes.

L'observation de la réalité nous révèle un milieu social toujours muable. Certes la complexité infinie des mouvements du milieu social ne les soustrait pas à un certain rythme. Mais il s'entend que les règles, qui ordonnent l'activité sociale, doivent avoir une suffisante souplesse, pour épouser les mouvements les plus imprévus du milieu social. Or le mérite de la souplesse s'obtient au prix du sacrifice de la précision mathématique.

La recherche d'une définition exacte du droit fait donc penser à l'insoluble problème de la quadrature du cercle. Mais cette constatation n'est décevante que pour ceux qui ont la fatuité de se croire capables de découvrir des formules définitives pour traduire des réalités essentiellement muables. Heureusement cette fatuité, peu répandue parmi les jurisconsultes, ne les décourage pas de rechercher l'introuvable définition parfaite du droit; et leurs efforts sont salutaires et féconds, car la tendance à définir répond à un besoin impérieux de notre esprit, le besoin de clarté. Quand on se représente ce besoin de clarté, aux prises avec la complexité inextricable des activités sociales, on conçoit sans peine, et l'utilité des définitions du droit, et leur caractère forcément approximatif et provisoire.

Le droit et la sanction contrainte. — Parmi les forces, — religion, morale et droit, — qui assurent l'équilibre social, le droit seul peut attendre légitimement d'une contrainte physique collective, la sanction éventuelle de ses prescriptions.

La transgression des impératifs religieux et moraux, en tant qu'elle ne produit d'effet que dans le domaine de l'immatériel, ne justifie aucune réaction matérielle par la voie de la contrainte physique collective. Par contre les plus grossières ruptures d'équilibre social, parce qu'elles se produisent dans les manifestations sensibles ou extérieures et d'ordre économique des rapports sociaux, appellent légitimement un rétablissement par la coercition, qu'exercerait la collectivité menacée dans son existence matérielle.

Pourtant il serait excessif de placer dans la sanction-contrainte, la caractéristique de la règle de droit. Car il faut se borner à dire, en vérité, que, pour remplir sa fonction consistant à assurer l'équilibre social dans l'ordre matériel ou économique, le droit peut aller jusqu'à recourir éventuellement au procédé de la contrainte extérieure, mais qu'il ne va pas toujours jusque là, et que, dans certains cas, la règle de droit nous apparaît même dépouillée de toute sanction-contrainte.

Les règles du droit international cessent-elles de relever du droit, parce qu'elles ne trouvent pas de sanction dans une puissance physique capable de contraindre les Etats souverains ? Un particulier ne peut-il être fondé à faire valoir son droit vis-à-vis de l'Etat, sans être pourtant à même d'exercer aucune contrainte physique sur les pouvoirs publics, qui sont précisément eux-mêmes les dépositaires de la force coercitive ?

Si, en fait, l'Etat souverain s'incline devant les décisions judiciaires rendues au profit de particuliers, c'est apparemment qu'il se rend compte que l'opinion publique recèle une force supérieure à celle des gendarmes, et qu'à s'aliéner le sentiment général, l'Etat compromettrait son autorité et risquerait, en somme, de voir briser finalement par la force brutale de la masse, sa puissance coercitive toujours plus ou moins conventionnelle. Impossible de découvrir en tout ceci une coercition ou contrainte physique, qui sanctionnerait le droit du particulier à l'encontre des pouvoirs publics.

Formation de l'idée du droit. — Le droit, force normative des activités sociales, est assurément aussi vieux que la société. L'idée de droit et l'idée de société sont, en réalité, inséparables ; car une société est, en somme, une collectivité ordonnée ou organisée. Or pareille définition de la société recèle indiscutablement l'idée de droit. C'est donc en analysant l'idée de société, qu'on réussit à en abstraire l'idée de droit, qui s'y trouve en suspension.

En d'autres termes, la vie en société nous procure la sensation d'un rythme ou d'une juste ordonnance des activités particulières ; de cette sensation, notre pensée, par un travail de généralisation et d'abstraction, dégage l'idée de droit. Il en va ici exactement comme lorsque notre pensée, s'emparant de la sensation d'étendue, que nous procure la multiplicité des objets existant hors de nous, dégage de cette sensation l'idée abstraite de l'espace.

Quand nous soumettons ainsi nos sensations à un travail purement intellectuel de généralisation et d'abstraction, sommes-nous assurés que l'idée abstraite, dégagée par ce procédé, traduise fidèlement nos sensations? Bien plus, n'est-il pas infiniment douteux que nos sensations elles-mêmes soient vraiment adéquates à la réalité? Un exemple bien connu, emprunté à la physique, nous rend à cet égard singulièrement perplexes.

On sait que la substance réagit sur nos sens de telle façon qu'elle nous donne la sensation de la continuité ; or les recherches des physiciens tendent à démontrer que la continuité de la substance est une illusion de nos sens : la sensation de la continuité n'est nullement adéquate à la réalité objective ; car chaque atome se compose d'un noyau positif, autour duquel tourbillonnent, sans contact, d'innombrables électrons chargés d'électricité négative ; de sorte que la substance, dans son objectivité, serait ainsi essentiellement discontinue.

Si l'idée de substance, que nous dégageons de nos sensations, ne correspond pas à la réalité objective, qui oserait affirmer que l'idée de droit, dégagée de notre sensation d'une juste ordonnance, serait toujours parfaitement adéquate à la réalité objective ? (1)

(1) Est-il surprenant que notre activité intellectuelle déforme la réalité objective, en passant nos sensations au crible de notre pensée, alors que les déformations de la nature par notre activité matérielle ne sont mises en doute par personne ? L'œuvre de l'artiste, peintre ou sculpteur, n'est-elle pas toujours à nos yeux une déformation, tantôt heureuse tantôt malheureuse, de la nature, même quand l'artiste ne songe pas à recréer la nature et qu'il borne son ambition à l'imiter ou l'interpréter ? Le vol mécanique d'un avion n'est-il pas, pour nous, une vilaine déformation du vol naturel de l'oiseau ?

Les raisons de douter se multiplient encore, quand on observe que notre sensation du juste est toujours impressionnée par les moindres fluctuations du milieu social.

Mais, au fond, qu'importe pour nous une discordance entre l'idée du droit et la réalité objective d'un parfait équilibre social? Ce qui nous intéresse, ce n'est pas le droit, insaisissable par nous dans son objectivité pure, mais c'est le droit tel qu'il se reflète dans notre pensée, après la réfraction qu'il éprouve en traversant le plan de nos sensations.

Méthode individualiste et méthode socialiste. — Impossible de jamais fixer irrévocablement l'idée du droit, qui toujours s'affine et s'amplifie sous l'action des innombrables excitations du milieu social. Tous nos efforts doivent se limiter à tendre vers une idée du droit, qui serre du plus près possible la réalité sociale.

A cette fin, quelle méthode adopterons-nous? ou plus exactement, où prendrons-nous le point de départ de nos déductions mentales? Peut-être n'est-il point superflu de prémunir le lecteur contre une coutumière tendance à exagérer l'importance des questions de méthodes; car il est sage, à notre sens, de s'inspirer de cette pensée infiniment juste de William James: (1).

« Puisque les philosophes ne font qu'appliquer leur pensée aux choses de la manière la plus compréhensive possible, il leur est loisible d'user librement de n'importe quelle méthode ».

Les méthodes, qui tendent à dégager la notion exacte

(1) *Introduction à la philosophie. Essai sur quelques problèmes de métaphysique*, trad. par Roger PICARD, Paris, 1914, p. 34.

du droit, sont communément réparties en deux groupes, opposés par leur point de départ (1).

Les méthodes dites individualistes prennent leur point de départ dans le postulat de la liberté individuelle et assignent au droit la mission de concilier la liberté de tous les individus. C'est ainsi que Kant définit le droit, « l'ensemble des conditions qui limitent les libertés pour rendre possible leur accord ». D'autre part les méthodes dites socialistes partent du postulat du milieu social qui, par essence, implique une conciliation ou une harmonie de toutes les activités qui s'y affrontent, et ici la fonction du droit est d'assurer l'équilibre des multiples activités, dont l'enchevêtrement constitue la vie sociale.

Le point d'arrivée de ces méthodes, opposées par leur point de départ, n'est-il pas à peu près le même ? Alfred Fouillée (2) par exemple, proclame que le droit appliqué réalise une judicieuse combinaison de la liberté avec l'égalité : selon lui, la limitation des libertés dans le monde social doit être réduite au minimum, et pour cela elle doit être absolument réciproque et égale pour tous, de sorte que la liberté de l'un ne s'arrête que devant la liberté tout à fait semblable de l'autre. Cette pensée, qui semble cependant inspirée par l'article premier de la Déclaration des Droits de 1789 (3), est-elle foncièrement

(1) Sur le débat institué entre l'individualisme et le socialisme, on lira avec fruit l'étude à la fois alerte et pénétrante, publiée par M. P. Huvelin, dans la « Revue de synthèse historique », XVII, 1908, p. 171-198, à propos du livre de Schatz (Albert), *L'individualisme économique et social, ses origines, son évolution, ses formes contemporaines*, Paris 1907)

(2) *L'idée moderne du droit*, 5e édit., Paris, 1904, p. 312 et s.

(3) « Tous les hommes naissent libres et égaux en droits. Les dis-

différente de celle qu'on exprime d'autre part en disant que l'équilibre social repose sur la loi de solidarité ? Car cette loi se traduit, dans l'application, en des concessions réciproques, qui sont conditionnées par la fonction sociale de chacun et qui certes se réaliseront d'autant plus aisément qu'elles respecteront mieux le sentiment de l'égalité (égalité réelle, s'entend, et non égalité purement formelle).

Dans les deux systèmes, tant le socialiste que l'individualiste, on respecte le puissant moteur, qu'est l'intérêt personnel, pour le développement de l'activité humaine et partant pour le progrès social. Tout le monde convient sans doute que rien ne vaut l'épanouissement de la liberté individuelle, pour assurer à chacun le profit de son activité propre. Mais comment déterminera-t-on les limites, dans lesquelles sera contenu l'épanouissement de la liberté individuelle ?

Sur ce point capital, la séparation des deux doctrines apparaît nettement : non pas que l'une repoussât, à la différence de l'autre, toute limitation de la liberté individuelle ; toutes deux, au contraire, admettent également qu'il y a des bornes à la liberté, et c'est seulement dans le choix du procédé d'abornement, qu'elles se séparent profondément. Les doctrines individualistes, qui voient dans la liberté un attribut essentiel et fondamental de la nature humaine, s'en tiennent, — pour mesurer les concessions que l'individu doit faire à la société, — à la formule vague et purement verbale de nos pères : « la liberté n'est pas la licence » ; tandis que les doctrines

tinctions sociales ne peuvent être fondées que sur l'utilité commune. »

socialistes, — qui voient dans l'utilité sociale la justifica-
tion de la liberté individuelle, — précisent le moment
où la liberté dégénère en licence : c'est le moment où
l'épanouissement de la liberté individuelle entre en conflit
avec l'utilité sociale.

La doctrine du droit naturel. — La force normative,
qu'est le droit, se fait sentir à la masse, qui s'y soumet
en imposant spontanément à son activité un rythme
déterminé, c'est-à-dire en assujettissant son activité à des
usages constants ou coutumes. La force normative du
droit se fait sentir aussi au juge, qui la met en œuvre,
et enfin au législateur, qui s'efforce de la réduire en
formules.

Mais dans quelle direction l'idée-force, qu'est le droit,
agira-t-elle sur le peuple, le juge et le législateur ?

Sera-ce dans une direction immuable, fournie par un
principe absolu et invariable ! Il serait téméraire de
l'affirmer ; car les adeptes de la doctrine du droit naturel
sont induits eux-mêmes aujourd'hui à donner à leur
droit idéal un contenu variable. « Ce qui varie, écrit
M. Charmont (1), ce n'est pas seulement la législation
positive, c'est aussi la prétendue législation idéale, qui
est elle-même contingente, arbitraire, destinée à subir
l'influence du temps, du milieu, des caractères individuels (2) ».

(1) *La renaissance du droit naturel*, Montpellier, 1910, p. 168.
(2) Contre le droit naturel évolutif à contenu variable, consulter
une publication de circonstance de M. Maurice Hauriou, *Le droit
naturel et l'Allemagne*, dans le Correspondant du 25 septembre
1918, p. 913-939.

Gardons-nous, en faisant des réserves au sujet de la doctrine du droit naturel un et immuable, de trébucher dans la doctrine qui lui est généralement opposée et qui est moins acceptable encore, à savoir la doctrine du droit issu de la force.

L'affirmation fondamentale, sur laquelle s'édifie cette dernière doctrine, contient en elle-même une contradiction irréductible. Ce théorème, le voici : la société primitive, dit-on, était livrée au bon plaisir du plus fort. Or la société et le bon plaisir sont deux valeurs qui s'excluent : s'il y a société, il ne peut y avoir bon plaisir, et s'il y a bon plaisir, il n'y a point société. Ceux qui font sortir le droit de la force ont senti cette contradiction et se sont efforcés de trouver dans l'égoïsme du plus fort la source des tempéraments apportés spontanément par lui à son bon plaisir : c'est son égoïsme, qui pousse le fort à ménager le faible, pour l'exploiter plus profitablement. Ainsi l'organisation sociale avec sa réglementation juridique sortirait de l'épanouissement du sentiment égoïste (1).

Dans cette dernière affirmation, il y a également une bizarre contradiction. Disons même qu'il y a un véritable contre-sens à mettre l'égoïsme à la base de l'organisation sociale. Car l'égoïsme, notion toute relative, qui ne se conçoit que dans le milieu social, pourrait difficilement être antérieur à la constitution de ce milieu. Est égoïste, quiconque s'efforce de rompre, au profit de l'intérêt individuel, l'équilibre qui, dans toute société, doit régner entre l'intérêt collectif et l'intérêt individuel. L'égoïsme,

(1) JHERING, *L'évolution du droit*, trad. fr. par DE MEULENAERE, Paris, 1901. p. 166-174.

sentiment hostile à la société, est donc indiscutablement un phénomène second, qui suppose l'existence de la société, puisqu'il tend à en fausser le fonctionnement au profit d'un individu.

En vérité le ciment qui maintient la cohésion du groupe social doit se chercher dans un sentiment antérieur et supérieur au sentiment de la force et de l'égoïsme. Et le mot de cette troublante énigme ne fut jamais mieux dit que par Aristote, quand il proclama très simplement que l'homme est par nature une créature sociale ; ce qui revient à dire que si l'homme vit en société, c'est parce que la nature lui fait sentir qu'il ne pourrait faire autrement.

Confessons donc, après Aristote, que notre infirmité intellectuelle nous force à admettre que la société est aussi vieille que l'homme lui-même. C'est en vain que nous nous efforcerions de découvrir le point d'irruption de l'organisation sociale, dans l'histoire de l'humanité ; car pareilles recherches supposent qu'une période de vie isolée aurait nécessairement précédé la période de vie sociale ; or ceci est une pure conjecture, sans vraisemblance et sans appui.

L'instinct social, inhérent à la nature de l'homme, — comme il est inhérent à la nature de l'abeille ou de la fourmi, — induit les individus à harmoniser leurs activités respectives, c'est à dire à soumettre leurs activités à un rythme imposé par une réglementation sociale.

Le droit et l'opinion publique. — Puisque toute réglementation juridique sort en somme, de notre instinct social, il ne se conçoit pas que ce puisse être autre chose que la conscience collective, qui imprime une direction à l'épanouissement du droit (1).

Il y a, à toute époque, des idées qui se répandent dans la masse et la conduisent.

Assurément ces idées ne sortent pas de la masse ; elles sont toujours le fruit du travail intellectuel d'une élite pensante.

E. Caro (2) écrit très justement : « L'esprit mène le monde, mais le monde n'en sait rien. Le tumulte des intérêts et des passions étouffe le bruit imperceptible des idées ; ces actives et silencieuses ouvrières n'en sont pas moins toujours occupées à leur tâche ; elles font ou défont dans leur travail infatigable, la trame vivante des consciences. Tout d'un coup on s'aperçoit que l'opinion publique, l'éducation, les mœurs sont en train de se modifier profondément ; on cherche les causes de ces grands changements. Où les trouverait-on, si ce n'est dans ces mille influences actives et variées à l'infini, qui descendent des hautes sphères où s'élabore la science ? »

On peut appliquer à la formation et l'évolution des règles juridiques, ce que l'abbé Lejay (3) dit du conte et de la chanson : « Au moment où j'écris, dans le fond de la Bretagne, une couturière de village fait sur chaque événement une chanson qui s'envole, recueillie et répétée sous mille toits, sans qu'on sache d'où elle vient et qui l'a faite. La chanson a cependant un auteur. Si elle répond

(1) DAVY (Georges), *Le Droit, l'Idéalisme et l'Expérience*, Paris, 1922.

(2) *Problèmes de morale sociale*, préface.

(3) *Leçons sur l'histoire de la littérature latine*, dans la « Revue des Cours et Conférences », Paris, 15 mars 1922, p. 584-585.

aux sentiments du peuple, si elle traduit ses rêves ou ses pressentiments, c'est qu'elle naît sous l'influence des idées communes à une société et à une époque. ... Mais il y a les variantes qui modifient le conte ou la chanson, et ces changements, dit-on, accusent la main d'un ouvrier. L'objection porte contre la thèse romantique de l'humanité créatrice. On doit cependant retenir quelque chose de cette thèse. Les changements sont des adaptations nouvelles à des conditions nouvelles du milieu. Un individu en prend l'initiative, mais il subit l'influence de son temps et de son pays ».

Disons donc, sans crainte de nous égarer, que les idées élaborées par l'élite pensante ne s'emparent réellement de la masse, que quand elles répondent au sentiment général (1).

Ces idées créent, à vrai dire, un courant, auquel la conscience collective prête une puissance aussi irrésistible que la puissance des forces de la nature.

Peut-être serait-il opportun de choisir ici un exemple entre mille, pour illustrer cette vérité : que les fluctuations de l'opinion publique, provoquées par les crises de la vie sociale, sont de puissants facteurs de transformation du droit. Des circonstances récentes ont montré combien

(1) Consulter : CHARDON (Henri), *L'organisation d'une démocratie. Les deux forces : le nombre, l'élite*, Paris, 1921. Adde : DE LEENER (Georges), *La primauté de l'individu*. Extrait de la « Revue de l'Institut de sociologie », Bruxelles, mars, mai, juillet 1922. Ce dernier auteur, qui manque vraiment d'indulgence pour la masse moutonnière finit pourtant par reconnaître à la vindicte populaire la vertu d'arrêter une individualité puissante qui tenterait de violenter la conscience publique.

les idées courantes peuvent varier rapidement dans l'appréciation des exigences sociales qui s'imposent aux individus.

Il y a quarante ans à peine, Jhering, relevant le devoir social qui s'attache à l'exercice de professions dont les services ne peuvent être refusés capricieusement au public, s'écriait : « L'hôtelier peut-il renvoyer les voyageurs ; le boutiquier, le boulanger, le boucher, leurs clients ; le pharmacien, le médecin, abandonner le malade ; l'avocat, celui qui vient le consulter ? Non : tout homme d'affaires véritable sent qu'il ne le peut pas, sous peine de heurter l'opinion publique... Pourquoi donc le blâme atteint-il l'homme d'affaires qui refuse ses services ? C'est qu'en embrassant sa profession, il a donné à la société une assurance à laquelle il doit satisfaire ; c'est que, dans le commerce de la vie, quiconque exerce une profession publique devient en quelque sorte une personne publique : il existe pour le public, il est obligé d'être à son service, et l'opinion publique envisage l'exercice de sa profession comme une *obligation envers la société* ». Et pour faire mieux comprendre que les défections capricieuses d'un homme d'affaires sont de véritables manquements à un devoir social, Jhering les oppose à l'attitude d'un « propriétaire qui refuse de louer ou de vendre sa maison vacante ». A ce dernier, dit-il, nul ne songera à en vouloir (1).

Sans doute ceci était vrai en 1883. Mais combien les idées, courantes à l'époque où écrivait Jhering, n'ont-elles pas été bousculées par les événements, spéciale-

(1) JHERING, *L'évolution du droit*, p. 98-99.

ment par la guerre de 1914-1918 et la crise générale du logement qui en fut la conséquence ? Et l'opinion publique approuverait-elle encore aujourd'hui le contraste entre le bon plaisir des propriétaires de maisons et le devoir social des boulangers, bouchers, etc. (1) ?

Dans nos démocraties modernes, il est plus évident que jamais, qu'une prescription légale n'est pas viable, si elle ne s'harmonise avec le sentiment général. C'est une singulière illusion qui nous fait voir parfois, dans les commandements de la loi, la consécration de la force : une injonction du droit n'est nullement un impératif imposé par le fort au faible ; c'est un impératif imposé à tous par le sentiment de la masse ou la conscience populaire. Et c'est précisément parce qu'il en est ainsi, que la sanction-contrainte des prescriptions législatives est réalisable ; car en dernière analyse, c'est dans la masse que réside la force, et la masse se refuserait automatiquement à sanctionner par la contrainte collective, une loi qui heurterait le sentiment général. David Hume ne proclamait-il pas déjà : « L'opinion des gouvernés, voilà le fondement véritable de tout gouvernement » (2).

Justice privée. — L'histoire des institutions permet de tracer approximativement le schéma de l'évolution, qui

(1) A ceux qui croiraient encore pouvoir douter de l'influence des idées courantes sur la formation des règles juridiques, recommandons la lecture édifiante du beau livre de DICEY, *Leçons sur les rapports entre le droit et l'opinion publique en Angleterre au cours du XIXe siècle*, trad. fr. par Jèze, Paris, 1906.

(2) Doctrine de Hume, rappelée et approuvée par DICEY, op. cit., p. 2 et s.

eut pour résultat de donner au droit une sanction-contrainte fournie par la force collective.

Le germe de l'idée du droit est déposé dans la réaction instinctive, consécutive à un tort qui nous est infligé par autrui. Car cette réaction, si elle était désordonnée, mettrait en péril l'existence même du groupe social. Elle appelle donc une réglementation.

« Le droit, — écrit J. Charmont (1) — résulte par voie de conséquence de l'intervention exercée par la société, dans son propre intérêt, intervention destinée à faire cesser ou prévenir les conflits. Loin de considérer que le délit suppose le droit et n'est que la sanction de sa violation, il faut admettre au contraire, avec M. Gaston Richard (2), que le droit naît du délit. Le point de départ, c'est l'intervention prohibitive destinée à éviter le conflit ».

La plus ancienne réglementation juridique tend uniquement à contenir l'exercice de la vengeance privée dans des limites et des formes telles, que la paix publique ne puisse être profondément troublée. En d'autres termes, elle ne tolère l'exercice de la vengeance privée, que selon certains rites. Et nous constatons ainsi que les plus anciennes règles de droit sont des règles de procédure.

Ajoutons que, par la réglementation à laquelle elle est soumise, la vengeance privée se trouve élevée au rang d'un droit de vengeance : l'idée concrète d'un droit subjectif de vengeance reconnu à l'offensé est éveillée dans notre esprit.

Il n'est peut-être pas inutile de rappeler aussi que l'or-

(1) *La renaissance du droit naturel*, 1910, p. 119.
(2) *Origine de l'idée du droit*, p. 54.

ganisation intérieure des collectivités sociales primitives n'était pas individualiste. Les unités, qui s'affrontaient à l'intérieur de la collectivité sociale (tribu ou cité), étaient elles-mêmes des unités collectives ou groupes d'individus (familles ou clans), qui mettaient en œuvre le droit de vengeance privée : à l'intérieur de la tribu ou de la cité, les conflits surgissaient entre familles ou entre clans, et étaient vidés par des guerres privées, conduites selon certains rites. Des traces de ce système de la vengeance du sang exercée par le groupe familial se retrouvent jusque vers la fin du Moyen Age : ainsi ce droit est encore consacré en Pologne par le *Privilegium judaïcum* de 1264 du duc Boleslas (1).

Quand les groupes, famille ou clan, perdent leur cohésion à l'intérieur de la tribu et de la cité, ce sont les activités individuelles qui s'affrontent directement et qui entrent en conflit. Dans cette organisation individualiste, qu'avait déjà réalisée l'ancienne cité romaine, c'est encore très longtemps la justice privée qui tranche les différends des particuliers. Le tort causé provoque une réaction sous la forme de vengeance privée, exercée selon les rites consacrés, et chacun a non seulement le droit mais le devoir de se faire justice.

Longtemps la réaction instinctive, dans laquelle nous voyons l'exercice d'un droit de vengeance privée, ne fit pas encore soupçonner la distinction, qui s'affirmera plus tard, entre le droit civil et le droit pénal. Cette dernière

(1) Consulter : RUNDSTEIN (S). *Die Blutrache und das System der Compositionen in zwei Urkunden des 13. Jahrhunderts*, dans la Zeitschrift für vergleichende Rechtswissenschaft, XIV, 1900, p. 211-218.

distinction ne s'épanouira que quand une analyse assez subtile des satisfactions procurées par la vengeance aura permis de décomposer l'idée de vengeance en deux idées distinctes : l'idée d'expiation ou de répression, qui relève du droit pénal, et l'idée de réparation, qui relève du droit civil. Signalons à ce propos que nos conceptions actuelles tendent à modifier profondément le caractère de cette distinction, en fondant le droit pénal, non plus sur la doctrine du châtiment, mais plutôt sur la doctrine de la défense sociale (1). Est-ce que l'élimination de l'idée d'expiation, qui était à la base du droit pénal classique, ne va pas nous acheminer insensiblement vers la résorption du droit pénal dans le droit civil (2) ? C'est le lieu de remarquer aussi, qu'un tort subi par nous ne provoque une réaction instinctive sous forme de vengeance, que dans les limites des possibilités : si le tort nous a été infligé par autrui, nous réagissons contre l'auteur du fait ; nous nous sentons victime d'une injustice des hommes, dont nous entendons tirer vengeance ; et la réglementation de l'exercice de pareille vengeance relève manifestement du droit, puisqu'elle tend à ordonner des conflits matériels entre membres d'un groupe social. Mais si le tort que nous avons subi n'est point le fait d'un de nos semblables, nous avons le sentiment d'être victime d'une injustice du sort ou des dieux, contre lesquels nous

(1) Voir par exemple : Prins (Adolphe), *Science pénale et droit positif*, Bruxelles, 1899.

(2) Consulter en ce sens les réflexions émises naguère, dans la « Revue de droit international et de législation comparée », 1910, p. 575-576 ; à rapprocher d'observations semblables formulées tout récemment par M. Maxime Leroy, dans la revue « Europe », Paris, F. Rieder et Cie, 15 août 1923, p. 319 et s.

sommes désarmés ; au lieu de tenter de réagir par la force contre la puissance supérieure et mystérieuse de la divinité, nous nous efforçons, par les pratiques du culte, de nous rendre les dieux favorables ; nous restons donc ici dans le domaine de la religion (1). Pourtant on sait qu'il y a aujourd'hui une tendance marquée à faire entrer dans la sphère du droit, même les injustices du sort, grâce à l'extension de l'idée d'une assurance sociale pour risques (2).

Justice publique. — Aussi longtemps que l'intervention des pouvoirs publics se borne à contenir dans certaines limites l'exercice de la justice privée, il n'existe encore aucune trace d'une justice publique qui s'imposerait aux particuliers pour trancher leurs différends.

Une étape de l'acheminement vers le système de la justice publique substitué au système de la justice privée, est bien connue. Il est arrivé que le magistrat, sous le contrôle duquel s'accomplissait la justice privée, s'enhardit jusqu'à suspendre les hostilités des adversaires aux prises : le magistrat intercale, dans la procédure de la justice privée, un intermède, qui consiste dans l'organisation d'un arbitrage privé sur le fond du différend. C'est une simple suspension d'armes, que provoque l'intervention du magistrat ; de sorte que, quand l'arbitre

(1) Voir, par exemple : « Revue de droit international et de législation comparée », 1910, p. 486 et s.

(2) Consulter : VAUTHIER (Maurice), *La notion du risque dans la science du droit*, dans le Bulletin de la classe des lettres et des sciences morales et politiques de l'Académie royale de Belgique, 1921, p. 15-41.

privé choisi par les parties litigantes aura déclaré lequel des adversaires a raison, l'exercice de la justice privée reprendra son cours sous le contrôle du magistrat.

Ce système de l'arbitrage obligatoire, intermède imposé aux adversaires qui procèdent aux actes de justice privée, est un système qui appartient à un régime juridique déjà très évolué. C'était encore, à peu de chose près, le système de ce merveilleux droit classique romain, auquel chacun sait que notre droit moderne a fait de si larges emprunts.

Il suffit de supprimer l'intervention d'un arbitre privé et de confier la mission de celui-ci à l'autorité même, qui contrôle l'exercice de la justice privée, pour que cette autorité se mue en un fonctionnaire proprement judiciaire. Et quand la sentence judiciaire émanera ainsi directement des pouvoirs publics, il arrivera que ceux-ci, pour assurer le respect de leur sentence, seconderont les intéressés, au point de substituer à une contrainte individuelle autorisée et contrôlée, une véritable contrainte collective organisée.

Cette évolution s'accomplit dans la procédure romano-byzantine du bas-empire, et les idées fondamentales qui s'en dégagent sont encore à la base de notre régime judiciaire moderne, dans lequel la sanction du droit par la force individuelle des intéressés est définitivement remplacée par une sanction procurée par les pouvoirs publics, émanation de la collectivité.

Survivances de la justice privée. — L'intervention des pouvoirs publics dans la solution des différends privés a pris une ampleur telle, qu'il est permis d'affirmer que, pour assurer la réalisation de nos droits individuels, ce sera toujours la force collective qui aura le dernier mot. Faut-il déduire de là que tout recours à la force individuelle des ayants droit pour assurer le respect de leurs droits, serait systématiquement exclu et réprouvé par nos civilisations modernes ? En aucune façon. C'est au contraire un problème très délicat et toujours actuel, de fixer les limites qu'il convient d'assigner à l'activité propre des plaideurs, à leur énergie physique, dans la procédure judiciaire et surtout dans la procédure d'exécution des jugements.

Nous nous habituons volontiers à compter toujours sur les pouvoirs publics pour vaincre toute résistance à la réalisation de nos droits. Nous préférons ne pas nous exposer personnellement aux coups, et nous abriter en toutes circonstances derrière l'autorité. Ce système, qui étouffe sous l'activité de l'huissier et du gendarme toute activité propre à l'ayant-droit lui-même, est en somme beaucoup moins démocratique qu'on pourrait le croire. Car les petites gens, qui ont peu de bien et qui mettent plus d'âpreté à défendre leur droit, auront généralement beaucoup moins de répugnance que d'autres, à payer de leur personne.

En outre l'hypertrophie de la fonction de l'huissier et du gendarme provoque un développement de la bureaucratie et du formalisme, dans lequel on aurait peine à voir un progrès social.

L'épanouissement de la bureaucratie n'a jamais eu d'autre résultat que d'encrasser les rouages de l'organisme social.

En voici un exemple très actuel et tout à fait infime, mais assez caractéristique.

Un propriétaire de quelques lopins de terre, défoncés par des obus sur les bords de l'Yser en 1914-1918, eut la petite mésaventure d'après guerre que voici : Ses biens sont sur le territoire de deux communes différentes ; lui-même habite au loin. Il a conclu avec l'État des contrats de restauration agricole, c'est-à-dire que l'État s'est chargé de la remise des terres en état de culture. Il va sans dire que ce travail a pris plusieurs années, durant lesquelles la nature ne s'engourdit pas au point d'arrêter la végétation des mauvaises herbes et spécialement des chardons. Or laisser se propager les chardons, c'est commettre une contravention, et comme le contrat de restauration agricole ne met pas l'échardonnage à la charge de l'État, le coupable c'est le propriétaire, qui avait le tort grave d'être au loin et de ne rien savoir. Que va faire l'autorité, qui revêt, en l'occurrence, l'uniforme du garde-champêtre ? Si les gardes-champêtres ont tous le même uniforme, ils n'ont pas tous la même mentalité. On en jugera par l'attitude très dissemblable des deux gardes-champêtres avec lesquels notre propriétaire foncier fut aux prises. L'un était un fonctionnaire irréprochable, accomplissant automatiquement sa fonction, sans prendre la licence de raisonner : il attendit que les délais réglementaires fussent expirés et que les chardons eussent eu le loisir de pousser en graines et de se propager ; puis il dressa procès-verbal au propriétaire absent et fit faucher les chardons d'office aux frais de ce dernier. Et plus tard, quand le juge de paix, tenant compte des circonstances, acquitta le propriétaire poursuivi, le garde-champêtre, qui était un fonctionnaire respectueux des règlements, ne parvint pas à comprendre cette décision. Dans l'autre village, le garde-champêtre, sans doute plus jeune, manquait complètement de traditions : l'automatisme professionnel n'avait pas encore totalement détruit en lui l'initiative personnelle. Avant que les chardons fussent poussés en graines, il s'enquit de la résidence du propriétaire et tint à celui-ci ce langage : dans un mois, je serai obligé de dresser procès-verbal contre vous ; mes fonctions me laissent en ce moment quelques loisirs ; chargez-moi donc de faucher immédiatement les chardons et tout le monde y trouvera son profit. Ainsi fut-il fait, et de la sorte le mal social à éviter ne se produisit pas, puisque la propagation des chardons fut enrayée.

Ce dernier garde-champêtre, qui prit ainsi l'initiative d'agir préventivement, en marge de ses fonctions, n'a-t-il pas accompli sa mission d'une façon socialement plus heureuse et plus utile que l'autre, esclave d'une consigne irraisonnée ? Sans doute l'intérêt personnel a guidé la conduite de notre homme ; mais qu'importe ! S'il fallait que les actes utiles à la collectivité s'inspirassent toujours de mobiles désintéressés, il serait à craindre que notre acheminement vers un mieux-être social ne fût singulièrement ralenti. Car nous pouvons avouer sans honte, que l'intérêt personnel est un puissant moteur de notre activité, et qu'une heureuse concordance de notre intérêt personnel avec l'intérêt collectif suffit à imprimer à nos actes le cachet d'utilité sociale, qui fait que ces actes sont à louer et à encourager.

L'exemple du garde-champêtre aux heureuses initiatives, ne convient-il pas que nous le suivions tous, quand il s'agit de la réalisation de nos droits? Au regard des particuliers, comme au regard des agents de l'autorité, il serait déplorable qu'une organisation trop parfaite de la force collective étouffât toute activité individuelle spontanée, toute manifestation de l'énergie physique des individus.

On se tromperait d'ailleurs étrangement en se figurant qu'il ne subsisterait plus aucune trace, dans nos mœurs et dans nos lois, du vieux régime de la justice privée. La plus évidente et la plus indiscutable de ces traces, c'est le droit de légitime défense, qu'aucun législateur ne songe sans doute à supprimer. Mais à côté du droit de justice privée défensive, consacré universellement dans les limites de la légitime défense, on peut relever aussi dans nos législations modernes, des survivances d'un droit de justice privée agressive. Bien plus, les codes les plus récents révèlent une tendance à amplifier les applications de la justice privée, tant il est vrai que les mouvements de l'histoire sont souvent des mouvements de va et vient. Le code civil allemand de 1896 (art. 229) et le code fédéral suisse des obligations de 1911 (art. 52) proclament le droit de se faire justice personnellement, quand il serait à craindre qu'un dommage sérieux pût résulter de la lenteur de la mise en œuvre des moyens légaux.

La justice publique au service de la conscience collective. — Le système moderne de la justice publique, dont les sentences sont sanctionnées éventuellement par la force publique, c'est à dire par la force collective organisée, place nos juges actuels dans une condition telle, que la latitude de se tromper, — au moins grossièrement, — leur est enlevée matérielle-ment. Car s'il arrive à un juge de commettre une erreur qui heurte de front le sentiment général, sa décision, par le fait même, paraîtra injuste à la masse ; en conséquence il sera à craindre que la force collective organisée ne se dérobe au devoir de sanctionner pareille sentence judi-ciaire ; tout au moins celle-ci provoquera-t-elle une réaction de la collectivité, qui, sous quelque forme qu'elle se présente, aura toujours finalement raison de la décision d'un juge mal inspiré et la rendra vaine. Ce fait d'observation démontre *a posteriori* que le pouvoir de dire ARBITRAIREMENT le droit entre particuliers est, pour nos juges modernes, un pur mirage : l'activité du juge est toujours, quoi qu'il fasse, asservie aux exigences de la conscience collective.

Faut-il donner un exemple du réflexe social que pro-voque fatalement toute sentence judiciaire, tenue pour injuste parce qu'elle est en opposition avec le sentiment général ? Voici, encore une fois, un exemple assez infime, bien qu'il soit fourni par une très haute juridiction, mais un exemple récent et, à mon sens, très caractéristique.

Il s'agit d'un arrêt de la cour de cassation de Belgique du 21 décembre 1922 (1), rendu sur la question tout à fait spéciale suivante : en matière civile un pourvoi en cassation doit être introduit par un avocat à la cour de cassation ; l'original et la copie du pourvoi doivent être signés par l'avocat ; une ordonnance du 28 juin 1738 (sur la procédure devant le conseil du roi) prescrivait en outre à l'officier public, qui signifiait au défendeur la

(1) Pasicrisie Belge, 1923, I, p. 110. Notice critique de M. Georges BEATSE dans la Belgique judiciaire, 1923, p. 219-224.

copie du pourvoi, de certifier dans l'exploit de signification que les pièces signifiées avaient bien été revêtues de la signature requise. Cette dernière formalité, tout à fait surabondante et surannée, était tombée en désuétude depuis bien longtemps ; et voici que la cour de cassation de Belgique veut la faire revivre, en la déclarant prescrite à peine de nullité : selon l'arrêt, un pourvoi dont l'original et la copie sont régulièrement signés par l'avocat, est cependant non-recevable, si l'huissier, dans l'exploit de signification, a omis de répéter que la copie du pourvoi était revêtue de la signature de l'avocat.

Cette décision judiciaire est indéfendable, parce qu'elle décèle une méconnaissance totale de la mission sociale des tribunaux : ceux-ci sont institués pour rendre la justice dans tous les différends qui leur sont régulièrement soumis, et non point pour se soustraire au devoir de juger, par le moyen d'expédients si peu reluisants que celui qui consiste à faire revivre par surprise de vieilles formalités périmées et définitivement tombées en désuétude. Nous voici donc en présence d'une décision, qui, par sa tentative de restauration d'un formalisme malsain, heurte le sentiment général et paraît, en conséquence, injuste.

Ce qui devait fatalement arriver en pareille occurrence, ne s'est pas fait attendre : une réaction de la collectivité s'est produite immédiatement. Seulement comme nous sommes ici sur un terrain très spécial, et que la masse populaire ne se sent pas directement atteinte par l'application d'un formalisme désuet aux pourvois en cassation, la réaction contre l'arrêt malencontreux ne s'est produite que dans le milieu très limité des gens de robe.

A raison de l'influence considérable de ces derniers dans les milieux législatifs, la réaction attendue prit la forme d'un projet de loi interprétative, déposé le 18 janvier 1923 par le ministre de la justice de Belgique : ce projet de loi proclame que les lois organiques de la procédure en cassation doivent être interprétées de telle façon, que la formalité périmée, que la cour a essayé si malencontreusement de faire revivre, soit considérée comme définitivement éliminée (1).

La morale qui se dégage du rapprochement, que nous venons de faire entre l'arrêt de la cour de cassation de Belgique du 21 décembre 1922 et le projet de loi interprétative du 18 janvier 1923, peut être formulée de la manière suivante : Ce qui assure le respect des décisions

(1) Les exemples de sentences judiciaires malencontreuses provoquant une réaction sociale sous la forme législative, pourraient être multipliés. En voici un second, très récent aussi, mais peut-être un peu moins topique que celui que nous signalons dans le texte. Pour établir la responsabilité des dégâts causés aux voisins par un incendie, la jurisprudence s'avisa récemment de ne plus exiger désormais qu'aucune faute de celui chez qui l'incendie avait éclaté fût prouvée. Cette brusque application particulière du principe de la responsabilité de plein droit ou sans faute prouvée, troublait profondément l'économie des polices d'assurance-incendie. Elle émut assureurs et assurés et créa un véritable malaise, qui provoqua une réaction sociale, sous la forme de la loi du 7 novembre 1922, destinée à corriger l'écart de la jurisprudence et à restaurer la norme tenue pour la plus saine. Aux termes de cette loi, qui forme le 2ᵉ alinéa de l'article 1384 c. c., la preuve de la faute du voisin est indispensable pour que la responsabilité de celui-ci puisse être engagée. Et le tribunal civil de la Seine a décidé très justement, le 2 décembre 1922, que la loi du 7 novembre a un caractère purement interprétatif et s'applique par conséquent même à des sinistres survenus avant sa mise en vigueur (La Gazette Dalloz, 10 janvier 1923, p. 6).

judiciaires, c'est moins la force des gendarmes et des huissiers, que la force bien plus considérable et plus respectable de la conscience collective.

Sans doute, quand il s'agit d'une question vraiment peu échauffante, comme celle des formes du pourvoi en cassation, la réaction de la conscience collective sera douce et pourra être immédiatement canalisée par l'autorité. Mais lorsqu'il s'agit d'une décision injuste, qui blesse plus directement les sentiments et les intérêts de la masse, il est à craindre que la réaction populaire ne soit plus rude et moins aisée à endiguer.

Le rôle de la conscience collective en droit international. — Il nous paraît bien établi que la contrainte collective n'est au service du droit, pour en sanctionner éventuellement les prescriptions, que si celles ci sont fidèlement dégagées de la conscience collective. N'est-ce point un pur truisme, d'affirmer qu'une règle dite de droit, qui heurterait de front la conscience collective, chercherait vainement dans la force collective la contrainte destinée à lui assurer une sanction efficace? Pareil phénomène ne créerait que l'illusion éphémère d'une règle de droit. Car si c'est le juge, qui dit le droit à l'encontre du sentiment général, sa formule illusoire ne tardera pas à être éliminée par une réaction sociale, qui peut se produire, — nous l'avons vu (1), — sous la forme d'une intervention du législateur. Nous constaterons bientôt aussi que, lorsque c'est le législateur dont les prescrip-

____

(1) *Supra*, p. 38-40.

tions sont en discordance avec la conscience collective, ce sont inversement les tribunaux qui se chargent de réajuster les formules légales devenues illusoires. Ainsi le législateur et le juge collaborent très-heureusement, par le procédé d'un contrôle réciproque, à la fixation des règles de droit. Et quand surgira une divergence de vues entre eux, il ne faudra pas, par la raison purement formelle que ses pouvoirs seraient plus étendus, donner invariablement raison au législateur. Ce sera en tout cas la conscience collective qui tranchera souverainement la controverse ; elle seule sera à même de décider efficacement où est la véritable règle de droit, digne d'être sanctionnée par la contrainte collective : dans la formule légale ou dans la formule jurisprudentielle ?

La nécessité d'une harmonie parfaite et constante entre la règle de droit et la conscience collective, éclate bien mieux encore, dans les branches du droit où le régime de l'auto-justice continue à s'épanouir, c'est à dire notamment dans le droit international.

Historiquement il existe, entre le développement du droit privé et le développement du droit international, un rapport que l'on peut caractériser en disant que le droit international n'est autre chose que du droit privé retardé ou moins évolué.

Le droit privé affirme son existence, dans l'histoire, à une époque, que les découvertes modernes reculent toujours plus loin dans le passé. Par contre le droit international ne fait à vrai dire son apparition que vers la fin du moyen-âge, au xiie et au xiiie siècle, dans le bassin de la Méditerranée ; car c'est seulement depuis cette époque, que l'Europe s'affirme comme un ensemble de communautés politiques soumises à des préceptes qui créent des droits et des devoirs (1).

Il arriva alors que l'évolution du droit international, nouveau venu, reproduisit l'évolution de son aîné, le droit privé. Et ce phénomène n'a vraiment rien de surprenant ni d'original. En effet, on a constaté très judicieusement que la plupart des institutions du droit maritime, sont le prolongement d'institutions terrestres : les règles du droit des bateaux parcourant les mers ont été imitées des règles du droit des caravanes traversant les déserts. Et maintenant que l'homme fait la conquête de l'air, les institutions du droit aérien apparaissent comme le prolongement d'institutions du droit maritime (2).

On pourrait dire que c'est à plus de quarante siècles de distance que le droit international reprend l'évolution du droit privé. Car le plus ancien code de droit privé que nous connaissions, le code babylonien d'Hammourabi, remonte à plus de quarante siècles ; et il nous est donc permis de supposer que jusqu'alors le droit privé ne s'exprimait qu'en règles coutumières. Or on sait que, malgré les efforts dépensés depuis plus d'un siècle en vue de la codification du droit international, il n'est pas encore possible de prévoir le moment où celui-ci sortira de l'ère purement coutumière (3).

Pour la solution des différends, le droit international en est encore à un stade qui se rencontre au début de l'évolution du droit privé, le stade de l'arbitrage facultatif destiné à suspendre le recours à la contrainte. Comme il

(1) Nys (Ernest), *Le droit international*, 1912, I, p. 18 et s.
(2) *Ibidem*, p. 568 et s.
(3) *Ibidem*, p. 174 et s.

n'existe pas de puissance organisée, supérieure aux Etats souverains en conflit, il semble qu'il soit impossible de faire passer le régime des conflits internationaux, de la phase de l'arbitrage facultatif dans la phase de l'arbitrage obligatoire. Et pourtant cette évolution ne commence-t-elle pas à s'accomplir sous nos yeux ?

Sans doute sur ce terrain du règlement arbitral des différends internationaux, le progrès sera forcément très lent ; mais l'effort actuel, qui se limite à l'organisation d'une cour permanente de justice internationale, ne marque-t-il point vraiment un premier pas vers le système de l'arbitrage obligatoire (1) ?

J'entends bien l'objection fondée sur l'inexistence d'une contrainte organisée, capable de s'imposer aux Etats souverains. Mais n'avons-nous pas constaté que dans le droit privé, ce qui assure le respect des sentences judiciaires, c'est bien moins la possibilité d'une sanction par la mise en œuvre de la force, que l'appui infiniment plus efficace de ce fond commun d'idées et de sentiments, qui reposent dans la conscience de chacun de nous et constituent la puissance de la conscience commune. A vrai dire, dans la solution des conflits le droit privé, l'appui de la force physique est un phénomène second : il est toujours consécutif à l'appui de la force morale de la conscience commune. Pour la solution des différends de droit international, nous n'entrevoyons pas encore l'existence d'une force physique organisée, capable de vaincre

(1) Sur la cour permanente de justice internationale, consulter l'annuaire international *Grotius*, (La Haye, Nyhoff), année 1923 : statut et règlement, p. 323 et s. ; composition de la cour, p. 432-433.

éventuellement tous les obstacles matériels ; mais rien ne s'oppose à ce que, ici aussi, s'exerce effectivement la pression si puissante du sentiment général ou de la conscience commune.

Qu'un différend surgisse entre deux États. Si une cour permanente de justice s'offre à ceux-ci pour trancher le différend, les deux adversaires vont-ils passer outre et en venir d'emblée aux mains ? Ceci n'est guère concevable que dans le cas où, chez chacune des nations aux prises, les prétentions émises recueillent l'assentiment général, au point que l'opinion publique rejetterait d'avance et catégoriquement toute idée de transaction ou concession quelconque.

Sans doute pareille mentalité intransigeante et unanime pourra se rencontrer au milieu de l'effervescence populaire, que provoque l'éclosion d'un conflit international. Mais s'il advient que le courant d'opinion soit impérieux et irrésistible, au point d'écarter toute trêve aux hostilités, et que chacun des adversaires entende s'assurer la justice par ses propres moyens, sera-ce vraiment, dans ce cas extrême, la force brutale qui aura le dernier mot ? Les enseignements de la dernière guerre nous autorisent à en douter.

Quand elle éclata, en 1914, la guerre était, tant dans le sentiment général du peuple allemand que dans le sentiment général des peuples de l'Entente, une guerre juste : car s'il n'en eut pas été ainsi, la guerre n'eut pu être déclanchée. Bientôt, par suite des procédés de guerre allemands, joints à mille autres facteurs souvent impondérables, il arriva que le sentiment de la justice de la guerre se fortifia singulièrement chez les peuples de l'Enlente, tandis qu'il s'affaiblissait progressivement chez le peuple allemand. Cette lente évolution aboutit, après quatre années douloureuses, à un revirement du sentiment général allemand, qui éclate brusquement en une révolution intérieure : le peuple s'insurge et refuse son concours à l'autorité (devenue *ipso facto* purement nominale), qui s'efforce en vain de lui imposer la continuation d'une guerre injuste.

D'autre part, pendant que cet heureux revirement se produisait en Allemagne, les peuples restés étrangers au conflit se montraient eux-mêmes de plus en plus inquiets des procédés de guerre des puissances centrales, qui blessaient profondément leur sentiment du juste. Or quand pareille blessure du sentiment de justice se compliquait d'une lésion des intérêts matériels ou moraux du pays neutre, celui-ci était bien près d'être entraîné dans la tourmente par le sentiment populaire. Ceci arriva aux Etats-Unis d'Amérique.

Comment interpréter ce phénomène, qui eut sans doute quelqu'influence sur l'issue de la guerre ? Ne peut-on pas dire que le sentiment général de l'injustice de la guerre allemande a entraîné la masse des peuples dans le camp hostile à l'Allemagne, parce que la masse obéit naturellement aux impulsions de la conscience collective, et que, en prêtant à la justice outragée l'appui de la force collective, elle assure le triomphe du droit.

Un observateur superficiel serait peut-être porté à croire que le droit a triomphé dès que la force est venue se ranger à ses côtés : mais n'est-il pas plus vrai de dire que le droit a triomphé dès que la conscience collective a été suffisamment éclairée ?

N'est-ce point à peu près la même idée que Descartes formulait en ces termes : « La justice entre les souverains a d'autres limites qu'entre les particuliers, et il semble qu'en ces rencontres Dieu donne le droit à ceux auxquels il donne la force ». C'est de Dieu que le droit international reçoit l'appui indispensable de la force ; mais comme c'est dans la masse que réside cette force, la divinité ne peut agir ici, aux yeux d'un croyant, que comme inspiratrice suprême du sentiment général qui entraîne les masses.

Rapport du droit et de la force. — Nous voici en face du troublant problème du rapport entre le droit et la force.

Le droit a besoin de la force pour vaincre éventuellement tous les obstacles matériels : il faut donc que la force jamais ne prime le droit et toujours le serve. N'est-ce point là ce que Pascal exprimait dans cette forte pensée ? « La justice sans la force est impuissante, la force sans la justice est tyrannique. Il faut donc mettre ensemble la justice et la force, et pour cela faire que ce qui est juste soit fort et que ce qui est fort soit juste ».

Sans reprendre ici les trop longues considérations émises sur le problème même, nous prendrons seulement la licence de préciser à l'aide d'un syllogisme, la pensée de Pascal.

La force doit être au service du droit ; or la force réside dans la masse, qui suit les impulsions du sentiment général ; en conséquence toute règle de droit qui heurterait la conscience collective serait privée de toute perspective d'une sanction par la contrainte collective.

Et ceci confirme que la source réelle des règles de droit se trouve dans la conscience collective ; car des règles, auxquelles la conscience commune refuserait l'appui de la force collective, ne seraient en vérité que des fantômes de règles de droit (1).

L'enseignement, facteur de pacification sociale. — L'inévitable connexion étroite du droit et de la force est un phénomène, dont la constatation n'a rien d'inquiétant, du moment où les sentiments et aspirations populaires ne sont pas oblitérés ou obscurcis par l'ignorance.

Si la condition fondamentale de l'équilibre social se trouve dans une parfaite concordance entre les injonctions de l'autorité et le sentiment général, il convient avant tout d'éclairer la conscience collective, pour empêcher ainsi que la force du nombre n'obéisse aux impulsions d'une conscience égarée. La lutte contre l'ignorance de la masse est peut-être la plus solide garantie de stabilité sociale : l'instituteur est l'artisan le plus sûr de l'évolution pacifique de la société.

La tâche de l'enseignement est double : former une élite pensante, et à côté de celle-ci, sans séparation par cloisons étanches, une masse laborieuse éclairée.

L'enseignement dit supérieur doit nous donner une élite pensante, apte à élaborer les idées saines et fécondes, qui se propageront dans la masse et imprégneront la conscience collective. Mais il serait désastreux que l'élite pensante fût une caste fermée, confinée dans

(1) Comparer les belles pages consacrées au problème du rapport entre le droit et la force, par HERER (Eugen), *Recht und Rechtsverwirklichung*, Bâle, 1920, p. 188-241.

une sorte d'olympe lointain, inaccessible à la masse populaire. Il convient au contraire qu'elle soit constamment rajeunie et vivifiée par l'accession d'éléments nouveaux sortis de la masse ; car ceux-ci, plus compréhensifs des besoins et des aspirations populaires, formeront au milieu de l'élite pensante le plus salutaire facteur de progrès pacifique. Aussi la nécessité de vivifier l'élite pensante par son recrutement dans la masse populaire trouve-t-elle aujourd'hui son expression dans d'heureuses institutions, telles que les bourses d'études, les prêts universitaires, les subsides aux chercheurs scientifiques (1) et surtout le fonds des mieux doués, organisé en Belgique par une loi du 15 octobre 1921 (2).

La mission de l'enseignement primaire et professionnel ne le cède en rien à celle de l'enseignement supérieur. Peut-être même est-elle plus importante ; car rien n'est plus délicat que de développer et d'assainir les idées de la masse laborieuse par une solide instruction élémentaire et surtout par une parfaite éducation professionnelle. Il ne s'agit pas, bien entendu de former un peuple d'insupportables pédants, dont la fatuité tapageuse, due à l'inconscience de leur ignorance, contraste singulièrement avec la réserve du savant, toujours impressionné par

(1) Consulter, par exemple, les statuts et rapports de la fondation universitaire, créée en Belgique, après la guerre, grâce à la commission américaine *for relief in Belgium*, et dotée de la personnification civile par la loi belge du 6 juillet 1920 (Bruxelles, éditions Robert Sand).

(2) BAUWENS (LÉON), *Fonds des mieux doués. Loi organique, arrêtés d'application, instructions ministérielles, modes de sélection.* Bruxelles, 1922.

l'étendue de son ignorance au regard de la modeste sphère de ses connaissances.

Ce qu'il faut, c'est donner avant tout à la masse laborieuse une formation professionnelle assez complète, pour inspirer à chacun le goût de son métier et pour lui faire comprendre, en même temps, que toute son activité professionnelle est conditionnée par la loi de la solidarité. Que, par mesure de préservation sociale, l'enseignement primaire et professionnel éveille et répande dans la masse le sens profond de la solidarité universelle (1).

Quelle impression réconfortante de sécurité ne ressentirions-nous pas, si nous avions l'assurance de trouver, dans le for intérieur de chacun, la conscience nette que l'ordre social repose moins sur la libre concurrence des appétits égoïstes individuels, que sur la loi éternelle de solidarité humaine, sur le précepte du Christ, « aimons-nous les uns les autres » : cette loi d'amour étant entendue, non d'une vague attraction sentimentale entre les hommes, mais d'un sens raisonné de la dépendance réciproque des individus.

M. Bouglé (2) remarque très justement, à propos du développement de l'intelligence et du cœur des écoliers : « Par l'histoire des inventions et des institutions nous leur donnons le sentiment de ce que c'est que le progrès humain et de ce qu'ils doivent à la coopération universelle. Nous leur inspirons ainsi le désir de s'acquitter, de

(1) Sur ce qu'il convient d'entendre exactement par le sens de la solidarité, on consultera utilement : BOURGEOIS (LÉON), *Solidarité*, Paris, 1902, et surtout BOUGLÉ (C), *Le solidarisme*, Paris, 1907, avec les références.

(2) *Le solidarisme*, p. 54-55.

payer leur écot, d'apporter leur pierre. Ils acquièrent, au
fur et à mesure que se déroule sous leurs yeux le tableau
de la civilisation, de nouvelles raisons de sortir d'eux-
mêmes, de s'attacher à une œuvre qui les dépasse. Ils
sont disposés à un effort plus altruiste par cela même
qu'ils se conçoivent, ainsi que le disait Condorcet,
« comme les coopérateurs d'un ouvrage éternel ». L'élargissement de l'intelligence, obtenu par la connaissance
des faits, aboutit ainsi à une dilatation du cœur ».

Ajoutons que les cruelles épreuves de la récente guerre
ont eu au moins cette heureuse répercussion de développer et d'affiner le sens de la solidarité sociale. A
côté de tous les liens individuels indestructibles, qui
furent tissés par la communauté de souffrances et de
dangers, le sens de la solidarité sociale pénétra plus
profondément la conscience collective. Pour le juriste,
ceci est un fait d'observation indiscutable, puisque, à la
suite de la guerre, le développement du sens de la solidarité sociale s'est affirmé, avec un éclat et une sponta-
néité remarquables, dans une innovation juridique d'une
portée considérable.

Jusqu'en 1914, les juristes étaient unanimes à
proclamer que l'Etat n'encourait aucune responsabilité à
raison des faits de guerre, parce que, disait-on, il serait
inconcevable que l'Etat dût répondre de véritables actes
de gouvernement et qu'au surplus les faits de guerre sont
incontestablement de force majeure, ce qui exclut toute
idée de faute et de responsabilité. Or il s'est fait que les
horreurs de la dernière guerre ont renversé toutes ces
barrières élevées par la pure dialectique juridique : le
législateur, porté par l'irrésistible courant du sentiment

général, « proclame l'égalité et la solidarité de tous les citoyens devant les charges de la guerre » (1), d'où fut déduit pour chacun, le droit à la réparation intégrale de tous dommages matériels résultant des faits de guerre (2).

Dangers du pur principe d'autorité. — Sans doute nos vues sur la vertu pacificatrice de la diffusion des connaissances ne sont-elles point encore celles de tout le monde, et des esprits à la fois timorés et téméraires préfèrent maintenir la masse dans une demi-ignorance ou lui cacher certaines vérités, espérant qu'ainsi une élite mieux informée pourra toujours en imposer à la masse ignorante et lui faire accepter d'autorité certaines règles de conduite, qu'elle ne doit pas chercher à comprendre.

Ce procédé artificiel et singulièrement fragile devient extrêmement périlleux, dès que la masse prend conscience du fait que son ignorance a été exploitée contre elle, pour la maintenir sous l'autorité d'une élite dirigeante. Alors la masse, parce qu'on a négligé de l'éclairer sur sa puissance et sur ses responsabilités, réagira par les procédés qui avaient été employés contre elle ; et l'histoire nous enseigne avec quelle rudesse la masse ignorante s'entend à manier le principe d'autorité : elle réagit par tous les excès de la dictature d'en bas, contre les excès de la dictature d'en haut ; et l'une ne vaut pas mieux que l'autre.

(1) Loi du 17 avril 1919 sur la réparation des dommages causés par les faits de la guerre, art. 1er.

(2) Sur ce système juridique nouveau, à tendance sociale plus accentuée, consulter : MILLIOT (Louis. *Les principes directeurs de la loi sur la réparation des dommages causés par les faits de la guerre*, dans la « Revue trimestrielle de droit civil », XVIII, 1919, p. 47-63, et les références.

Souvenons-nous de la parole célèbre d'Abraham Lincoln (1) : « on peut tromper la moitié du monde tout le temps et tout le monde la moitié du temps, mais on ne peut pas tromper tout le monde tout le temps ». Plutôt que de pratiquer la politique néfaste, qui partage les hommes en deux clans, le clan des bien informés et le clan des mal informés ou des ignorants, disons-nous qu'il est infiniment plus rassurant de rechercher, dans un relèvement intellectuel et moral de la masse, une garantie sérieuse de l'harmonie constante du droit et de la force (2).

(1) Reproduite par Hauriou (Maurice), *Précis de droit constitutionnel* Paris, 1923, p. 218, note 1.

(2) Que tous ceux qui déplorent les excès de la dernière révolution russe, relisent d'anciennes relations impartiales de voyages en Russie, par exemple les livres de M. le professeur Jules Legras de Dijon : *Au pays russe*, ouvrage couronné par l'Académie française, Paris, 1895, et *En Sibérie*, Paris 1899. Qu'ils méditent notammen es pages qui contiennent l'évocation, aujourd'hui si poignante, det l'hostilité des classes dirigeantes contre l'instruction populaire, — où l'on voit que, par crainte du libéralisme, la politique du régime impérial s'appliquait en général à décourager le mouvement d'instruction primaire et à abandonner tout au moins aux tendances politiques de fonctionnaires, tels que les recteurs d'académie, le soin de ne point trop réduire le nombre des illettrés.

CHAPITRE II

Les organes d'expression du Droit
Le droit des mœurs, le droit du juge et le droit du législateur

Le jardinier ne crée pas la fleur : la réflexion et l'intention n'ont pu créer le droit, c'est vrai ; mais le soigner, l'arroser, le tailler, voilà ce qu'elles peuvent et voilà ce qu'elles ont fait depuis l'origine.

JHERING.

Le Droit et l'expression des règles juridiques. — Le Droit, — nous l'avons vu, — est un élément qui imprègne le milieu social, tout comme l'éther est censé remplir l'espace.

L'existence du droit dans le milieu social n'a, bien entendu, rien de conjectural : le droit est dans le milieu social comme l'oxygène est dans l'air. Mais si des procédés chimiques réussissent à dégager l'oxygène de l'air, semblables procédés ne permettent pas de surprendre le droit dans le milieu social : car les réactions d'ordre social, par lesquelles se révèle la présence du droit, n'ont rien de comparable à des réactions chimiques : elles ont toujours un caractère régulateur ou normatif, et ce sera donc dans les organes sociaux destinés à ordonner l'activité sociale, qu'il nous sera possible de recueillir le droit.

Nous appellerons ces organes sociaux les organes d'expression du droit, et l'on sait qu'ils varient avec les temps et les lieux, de même que les règles qu'ils expriment sont variables par essence. Car il convient de ne pas oublier que la mission infiniment délicate du droit est, non pas de fixer ou immobiliser les rapports sociaux en les cimentant, mais d'équilibrer toujours toutes les activités sociales, sans jamais entraver leur mouvement perpétuel.

On comparerait volontiers la force sociale qu'est le droit, à cette autre force qu'est l'attraction des corps ; car, de même que l'équilibre de l'univers est maintenu par l'attraction universelle, de même l'équilibre social est maintenu par le droit. Poursuivant cette comparaison, il est permis d'ajouter que l'attraction remplissait dans l'univers sa fonction régulatrice, avant que le génie humain eut réussi à formuler une loi de la gravitation universelle ; il faut même, semble-t-il, se garder d'attribuer un caractère définitif à la formule célèbre, par laquelle Newton exprima cette loi, puisqu'aujourd'hui Einstein et son école s'efforcent, non sans succès, d'y substituer une formule nouvelle de gravitation (1).

Semblablement le droit existe dans le milieu social antérieurement à sa révélation par les organes d'expression du droit : et ici il est de toute évidence que les formules fournies par ces organes sont nécessairement éphémères, puisque, par essence, le droit évolue en épousant exactement tous les mouvements du milieu social.

(1) Consulter par exemple : CHARLES NORDMANN, dans la « Revue des deux Mondes », du 1er mai 1922, p. 154-159, spécialement p. 154, note 1.

Coutume, décisions judiciaires et lois. — Quels sont actuellement les facteurs sociaux qui nous révèlent le rythme qui s'impose à l'activité de chacun de nous?

Ou bien les actes de la vie civile sont accomplis selon certains modes, que la pratique rend constants et élève ainsi au rang de coutumes : le droit, qui de la sorte se révèle uniquement dans les usages constants de la vie journalière, est dit coutumier.

Ou bien les tribunaux, appelés à dire le droit entre les particuliers, sont amenés à donner, dans leurs sentences, des formules précises aux impératifs juridiques. Ce ne sont encore que des formules de circonstance, destinées uniquement à trancher un différend donné et dépourvues par conséquent de toute portée générale. Mais quand, dans leur fonction judiciaire, les tribunaux appliquent d'une manière constante certaines règles, dans des conditions de fait semblables, alors ces règles acquièrent en réalité une portée générale : il se dégage de la confrontation de décisions judiciaires semblables, une jurisprudence constante ou un droit jurisprudentiel. Ceci n'est en somme qu'une forme supérieure du droit coutumier : de même que le droit proprement coutumier se dégage des pratiques journalières usuelles dans l'accomplissement des innombrables actes de la vie civile, de même le droit jurisprudentiel se dégage des usages qui s'établissent dans la pratique judiciaire (1).

Il se peut enfin, — dernier mode d'expression du

(1) Comparer sur ce point : LAMBERT (Edouard), *La fonction du droit civil comparé*, **Paris**, 1903, p. 110 et s.

droit, — que des règles juridiques soient spécialement formulées par une autorité, qui dicte et impose ses injonctions aux particuliers : les préceptes impératifs, formulés ainsi par l'autorité, constituent les lois proprement dites.

En tenant compte de la variété des procédés d'expression de la réglementation juridique, on peut donc distinguer : le droit des mœurs, le droit du juge et le droit du législateur.

Source réelle du droit et sources purement formelles des règles juridiques. — Du point de vue que nous adoptons ici, la coutume, la jurisprudence et la loi se bornent à enregistrer les mouvements du droit dans le milieu social, sans être donc elles-mêmes, à proprement parler, des sources du droit. C'est du milieu social que sort le droit, et c'est par conséquent le milieu social qui est la seule source du droit. Mais les règles du droit trouvent leur expression soit dans la coutume, soit dans les décisions judiciaires, soit dans la loi.

Seulement ces organes imparfaits d'expression des règles juridiques peuvent parfois se trouver momentanément faussés, dans des circonstances anormales ; et alors leurs formules défectueuses sont sans influence durable sur l'évolution des règles juridiques : le législateur qui s'aviserait de rompre en visière avec les lois sociologiques, ferait œuvre vaine ; une pratique privée, qui ne deviendrait pas usuelle, attesterait par sa singularité, qu'elle n'est pas imposée par les besoins du milieu social et qu'elle reste par conséquent étrangère au droit ; enfin le juge, qui ne rencontrerait aucun imitateur parce que sa sentence heurte le sentiment général, ne réussirait pas davantage à détourner le droit de sa source (1).

Le terrain sur lequel nous nous plaçons nous autorise à négliger les graves controverses relatives à la définition de la coutume, envisagée comme source du droit. On ne s'étonnera donc pas de ne pas nous entendre dire que ce qui fait de la coutume une source de droit, c'est l'adhésion tacite de tous les intéressés (même de ceux qui souffrent de la coutume), adhésion qui s'imposerait aux intéressés par *l'opinio necessitatis*, c'est-à-dire la croyance à l'existence d'une sanction (2). Nous nous contenterons de dire que les pratiques privées et judiciaires, quand elles s'affirment avec une certaine constance, une certaine stabilité, révèlent un rythme imposé à notre activité par la force nominative du droit : elles expriment une règle de droit.

Nous ne discuterons pas davantage si la doctrine, — c'est-à-dire l'opinion des auteurs, — est, elle aussi, une source formelle du droit, ni si elle mérite une place à part aux côtés de la jurisprudence. A notre sens, les efforts des auteurs, comme ceux des juges, tendent à surprendre dans le milieu social, pour les couler dans les formules les mieux appropriées, les règles juridiques ; et la valeur pratique des suggestions de la doctrine n'est consacrée, que quand elles ont subi victorieusement l'épreuve de la jurisprudence.

(1) Comparez : *supra*, p. 37 et s.
(2) Consulter notamment : GÉNY (François), *Méthode d'interprétation et sources en droit privé positif*. Paris, 2ᵉ éd., 1, 1919, p. 318-446.

La coutume et la jurisprudence en marge de la loi. — C'est un fait d'observation, aujourd'hui incontesté, que les trois procédés d'expression du droit ne s'excluent en aucune façon : le droit du législateur, de nos jours, laisse toujours place à un droit, qui trouve son expression dans la pratique usuelle des transactions et dans la solution donnée par les juges aux différends privés (1).

Pour constater la survivance des pratiques coutumières, en marge des codes, il suffit de voir s'accomplir, par exemple, dans une foire ou un marché, le rite si généralement répandu de la *paumée*, coutume appelée à tempérer le danger éventuel d'une suppression trop radicale du formalisme dans la conclusion des contrats. L'usage de la paumée fournit un exemple, — assez rare de nos jours, — d'une coutume sortie instinctivement de la pratique journalière, indépendamment de toute consécration par la jurisprudence des tribunaux. De même que, dans les ventes faites sans écrit, l'acheteur romain donnait habituellement des arrhes pour assurer la preuve du contrat conclu ; de même, dans nos foires et marchés mo-

(1) Voir, par exemple : CHARMONT (J.), *Le droit et l'esprit démocratique*, Montpellier, 1908, p. 9-37 ; PERREAU (E. H.), *Technique de la jurisprudence en droit privé*, Paris, 1923, tome I, p. 17 et s., 204 et s. Par contre on trouvera dans Esmein (A.), *La coutume doit-elle être reconnue comme source du droit civil français ?* (Bulletin de la Société d'études législatives, 1905, p. 533-544), un aperçu très clair de l'ancienne doctrine traditionnelle, qui refusait systématiquement à la coutume et à la jurisprudence toute vertu proprement créatrice de règles juridiques. Il s'entend toutefois qu'un jurisconsulte aussi averti qu'Esmein ne méconnaît point les nombreux tempéraments que comporte une doctrine traditionnelle, qui postulerait une loi inébranlable en l'immobilité du droit figé dans des formules légales.

dernes, les marchands et acheteurs de bétail se frappent solennellement dans la main pour attester la conclusion définitive du marché. Cet usage étant devenu constant, les tribunaux seront forcément amenés à en tenir compte dans leurs décisions : quand une contestation s'élèvera sur l'existence d'un accord définitif conclu en foire, et que le juge aura à s'en référer au témoignage des personnes présentes, il n'hésitera pas à proclamer l'existence de la vente, s'il est attesté qu'il y a eu paumée, et par contre il n'hésitera pas davantage à proclamer que les pourparlers n'ont pas abouti, s'il est attesté que les intéressés s'étaient [séparés sans se frapper dans la main.

Quant au développement autonome du droit jurisprudentiel, il éclate à chaque page de nos recueils de jurisprudence, et nous aurons bientôt l'occasion d'en rappeler quelques exemples (1).

L'impuissance du droit du législateur à étouffer l'épanouissement spontané du droit coutumier et jurisprudentiel est un phénomène qui n'a rien de surprenant. Étant donné que la fonction du droit est de maintenir l'équilibre social et que les conditions du milieu social sont changeantes, il s'ensuit que les règles qui assurent cet équilibre doivent avoir nécessairement la même mobilité que les conditions du milieu social. Impossible assurément d'attendre pareille mobilité, de formules législatives rigides, figées dans un texte immuable. Ceci est si impérieusement vrai que même sur le terrain du droit consti-

---

(1) Consultez par exemple : Perreau (E. H.), *Technique de la jurisprudence en droit privé*, 2 vol., 1923.

tutionnel, M. Maurice Hauriou, qui n'est certes pas enclin à exagérer le rôle de la coutume et de la jurisprudence, reconnaît que, sous la pression des événements et des besoins, la pratique travaille continuellement à modifier ou à déformer les constitutions existantes, et que ces faussements de la constitution subsistent longtemps dans les mœurs avant d'être consacrés par une révision de la règle écrite (1).

Les textes légaux et la méthode déductive. — L'imperfection des formules législatives, inhérente à la nature essentiellement mobile du droit, s'aggravera tout naturellement avec le temps. Car à supposer que le législateur ait, dans l'une de ses formules, atteint la perfection, c'est à dire rédigé une loi qui répondît parfaitement aux exigences du milieu social, encore cette harmonie parfaite entre la formule de la règle et la matière à réglementer sera-t-elle bientôt détruite, par la raison que la formule de la réglementation est figée, tandis que la matière à réglementer, au lieu d'être stagnante, est toujours mouvante. La discordance ira donc forcément en s'accentuant avec le temps.

Au lendemain de la promulgation du code civil de 1804, il dut être singulièrement réconfortant de se sentir nanti de formules législatives définitives, qui devaient suffire à tout.

Qu'un différend surgisse entre particuliers, il suffit d'ouvrir le livre **de** la loi, pour y trouver la clé de la solution. Celle-ci jaillira des textes mêmes, par le procédé

____

(1) *Précis de droit constitutionnel*, 1923, p. 236.

de purs raisonnements, qui ont toute la rigueur mathématique et qui assurent une quiétude parfaite à la conscience d'un juge rompu à toutes les finesses de la dialectique.

Ce fut l'âge d'or de la méthode purement déductive. Et cette méthode, qui simplifie assurément la tâche du juge, ne présente guère d'inconvénient, quand elle est appliquée à un code récent et bien rédigé. Ceci fut le cas pour le code de 1804, jusque vers le milieu du xixe siècle.

Mais quand la législation commence à vieillir, il arrive que la méthode purement déductive, avec ses raisonnements irréprochables en la forme, conduise à des applications déconcertantes. La conscience blindée des purs dialecticiens du droit n'en est pas troublée; mais il existe heureusement des jurisconsultes aux sentiments plus affinés, et ceux-ci perdent confiance en l'infaillibilité des textes.

Aussi bien la méthode purement déductive repose-t-elle sur deux erreurs fondamentales : le dogme de la souveraineté du législateur et le dogme de l'immobilité du droit.

Le législateur est souverain, dit-on. En d'autres termes, la loi est l'expression d'une volonté souveraine, qui s'impose à tous ; par conséquent la loi immobilise le droit, le rend immuable, aussi longtemps que le législateur souverain n'aura pas édicté une loi nouvelle.

La fausseté de ces deux dogmes connexes, la souveraineté du législateur et l'immobilité du droit, est aujourd'hui démontrée par l'observation des faits. Tout le monde sait que le législateur est aussi impuissant à faire le droit qu'à l'immobiliser (1).

(1) Consulter, par exemple : Lambert Edouard), *La fonction du droit civil comparé*, Paris, 1903, p. 16 et s., et aussi les pages

Aussi a-t-on pu dire fort justement : « L'illusion du législateur est de créer tout le droit ; elle entraîne l'illusion du juge, qui veut tirer tout le droit de la loi » (1).

Faut-il rappeler les termes sévères dans lesquels Montaigne caractérise l'imperfection de l'œuvre du législateur ? « Or, les loix se maintiennent en crédit, non parce qu'elles sont justes, mais parce qu'elles sont loix : c'est le fondement mystique de leur autorité, elles n'en ont point d'aultre ; qui bien leur sert. Elles sont souvent faictes par des sots ; plus souvent par des gens qui, en haine d'égualité, ont faulte d'équité ; mais tousjours par des hommes, aucteurs vains et irrésolus. Il n'est rien si lourdement et largement faultier, que les loix ; ny si ordinairement ».

La puissance créatrice propre à la pratique judiciaire. — En réalité, quand éclate une discordance entre une formule législative surannée ou anachronique et les conditions nouvelles du milieu social, c'est généralement la pratique judiciaire ou jurisprudence des tribunaux, qui s'efforce avant tout de procéder à un réajustement qui atténue ou efface la discordance.

Voici quelques exemples notoires de cette heureuse intervention de la jurisprudence.

dans lesquelles Geny (François) résume toute sa théorie : *Méthode d'interprétation et sources en droit privé positif*, Paris, 2ᵉ éd. 1919, II, p. 221-234.

(1) Cruet (Jean), *La vie du droit et l'impuissance des lois*, Paris, 1908, p. 54.

Au début du xixᵉ siècle, lors de la rédaction du code civil, l'assurance sur la vie était représentée comme « un pacte odieux où la cupidité qui spécule sur les jours du citoyen est voisine du crime qui peut les abréger ». Ce sont là les paroles de Portalis, l'un des plus illustres rédacteurs du code. Une vieille règle empruntée au droit romain se trouvait à point dans le code pour couper court à toute velléité de conclure ce pacte odieux de l'assurance sur la vie. Cette règle, reprise dans l'art. 1119, proclame la nullité de la stipulation pour autrui ; il serait en effet vraiment malaisé de soutenir que, quand je m'assure sur la vie au profit de ma femme ou d'un de mes créanciers, je n'ai pas stipulé pour autrui.

Un demi siècle à peine après la promulgation du code de 1804, les idées sur l'immoralité du pacte d'assurance-vie se sont profondément modifiées : vers le milieu du xixᵉ siècle, l'assurance sur la vie est entrée dans les mœurs en France, comme elle l'était déjà en Angleterre ; maintenant la conclusion de ce pacte immoral est devenue un acte particulièrement louable d'un père de famille prévoyant. On se trouve indiscutablement en présence d'un fait social nouveau, qui donne aux paroles de Portalis, transportées à un demi siècle de distance, un caractère purement déclamatoire. La preuve est faite que, pour l'assurance sur la vie, il y a désormais discordance entre l'esprit qui avait inspiré le code de 1804 et les conditions nouvelles du milieu social.

Qu'arriva-t-il en l'occurrence ? Les tribunaux se chargèrent de rétablir l'équilibre rompu : ils consacrèrent la validité du contrat d'assurance sur la vie, en dépit de l'art. 1119, qui proclame toujours la nullité de la stipulation pour autrui. L'obstacle légal a été écarté par des artifices d'interprétation de la jurisprudence (1).

Il arrive aussi que le juge se trouve en présence de formules législatives qui furent malencontreuses dès le début : *quandoque bonus dormitat Homerus*. Voici, dans le code de 1804, un exemple d'inadvertance due au prestige parfois dangereux du droit romain.

Pour déterminer l'influence de l'erreur sur la conclusion des contrats, l'art. 1110 s'exprime ainsi : « L'erreur n'est une cause de nullité de la convention que lorsqu'elle tombe sur la substance même de la chose qui en est l'objet ». Or cette formule contient, en réalité, la solution d'une controverse, qui divisait les jurisconsultes romains, au début de l'ère chrétienne, et se rattachait aux doctrines philosophiques des anciens sur la création et la classification des choses. Pour les philosophes de l'antiquité, toute chose se constituait par la combinaison de deux facteurs : la forme et la matière. Selon les uns (Aristote et les péripatéticiens) le facteur primordial est la forme : la matière amorphe n'a pas d'existence propre ; elle ne devient une chose que par la forme qui lui est imprimée et qui crée son identité. Selon d'autres (les stoïciens) c'est au contraire la matière qui est l'élément essentiel et fondamental de toute chose : la forme ne fait qu'ajouter quelques qualités secondaires à la matière. Quand les jurisconsultes romains, formés à l'école des philosophes, cherchaient à déterminer l'influence de l'erreur sur la validité des contrats de bonne foi, ils

(1) Consulter : Dupuich (Paul), *L'assurance-vie*, Paris, 1922. Voir *infra*, p. 89-90.

étaient amenés à se demander si l'erreur est essentielle, lorsqu'elle tombe sur la substance ou la matière de la chose qui est l'objet du contrat. Seuls les jurisconsultes qui professaient les doctrines stoïciennes voyaient un obstacle à la formation du contrat, dans une erreur sur la substance ou la matière de la chose. Et c'est cette opinion qui finit par prévaloir en droit romain (1).

Mais convenait-il de la recueillir dans un code au xix° siècle, alors que les conceptions philosophiques sur la formation des choses ne sont évidemment plus celles des stoïciens ?

L'étourderie des auteurs du code civil s'explique très naturellement par la circonstance que, en 1804, personne ne s'était encore avisé de mettre en lumière l'influence des conceptions métaphysiques anciennes sur la théorie romaine de *l'error in substantia vel materia*. En vérité, le texte de l'art. 1110 a toujours été un anachronisme. Comment les tribunaux ont-ils réussi à le rendre inoffensif ? Par des artifices d'interprétation ils ont altéré le sens des termes de l'art. 1110. et ils ont appliqué cette prescription comme si elle visait l'erreur qui tombe sur les qualités substantielles ou essentielles de la chose qui est l'objet du contrat : l'erreur sur la *substance*, que visait le texte du code, est devenue, dans la jurisprudence, l'erreur sur une *qualité* essentielle. Il faut reconnaître d'ailleurs que cette façon d'entendre l'erreur sur la substance était déjà indiquée par Pothier. dont s'inspirèrent les rédacteurs du code de 1804. On lit en effet au

(1) Sokolowski (Paul), *Die Philosophie im Privatrecht*, Halle, I, 1902, p. 238-255. résumé dans la « Revue de droit international et de Législation comparée », 1907, p. 511-513.

Traité des Obligations (n° 18) de celui-ci : « L'erreur annule la convention, non seulement lorsqu'elle tombe sur la chose même, mais lorsqu'elle tombe sur *la qualité de la chose que les contractants ont eue principalement en vue, et qui fait la substance de cette chose* » (1).

On pourrait sans peine multiplier les exemples qui permettent d'affirmer que l'épanouissement du droit jurisprudentiel, en marge du droit du législateur, est un fait d'observation indiscutable. M. Édouard Lambert (2) a rappelé fort justement que, en maints endroits de son œuvre considérable, Joseph Kohler s'est attaché à démontrer la vérité suivante : « Dans tout système juridique, aussi bien dans ceux qui régissent nos sociétés contemporaines, que dans ceux qui appartiennent au domaine de l'histoire, une analyse sincère de la théorie des sources juridiques révèle toujours la présence, parmi les modes les plus agissants de production du droit, de cet élément essentiel, *la force créatrice de la jurisprudence* » (3).

(1) Consulter, sur l'interprétation de l'art. 1110 c. c. : une *Contribution* de M. Fubini (Riccardo) *à la théorie de l'erreur sur la substance et sur les qualités substantielles* « Revue trimestrielle de droit civil », I, 1902, p. 301-332, écrite avant que M. Sokolowski eut livré, par les résultats de ses recherches historiques, la clé du mystère de l'*error in substantia*.

(2) *La fonction du droit civil comparé*, 1903, p. 217-218.

(3) Sur la signification considérable et bien connue du droit jurisprudentiel en Angleterre, ou *judge made law*, on lira avec fruit les belles pages de Dicey, *Leçons sur les rapports entre le droit et l'opinion publique en Angleterre au cours du XIXe siècle*, trad. fr. de Jèze, Paris, 1906, p. 340-376, 463-479. D'autres exemples sont peut-être plus convaincants encore que celui du droit anglais fait par le juge. Ainsi rien ne témoigne plus éloquemment, semble-t-il,

Cette constatation soulève un problème extrêmement délicat : comment tracer la ligne de démarcation entre l'autorité de la loi et l'autonomie de la jurisprudence ?

La révision des textes légaux préparée par la doctrine et la jurisprudence. — Essayons de caractériser exactement le rapport entre la fonction de la loi et la fonction de la jurisprudence.

Les règles de droit ne peuvent échapper à un certain flottement, inévitable à raison du fait que le droit est, dans le milieu social, en état de perpétuelle formation. Aussi, pour éviter trop d'incertitude dans le régime des transactions, convient-il de surprendre le droit en suspension dans le milieu social et d'en fixer les règles par écrit.

Ceci est aujourd'hui l'œuvre salutaire du législateur. Seulement jamais un code n'eut la vertu d'arrêter la marche du droit. En conséquence, après une période plus ou moins longue, la loi sera toujours à refaire.

Les codes apparaissent, à vrai dire, comme des jalons plantés de distance en distance le long du chemin parcouru par le droit. Et dans les intervalles qui séparent

de l'irrésistible courant de la jurisprudence, qu'un relevé des innovations jurisprudentielles durant le dernier demi-siècle d'existence de l'empire de Russie : car, sous le régime des tzars, on pourrait difficilement attribuer à une indépendance excessive des tribunaux, l'audace de leurs innovations. Consulter sur ce point : Schönbohr (Fr.), *Die Gerichtspraxis in Russland als Rechtsschöpferin*, Leipzig et Berlin, 1922. — Le développement du droit public lui-même n'échappe pas à l'influence de la jurisprudence. Consulter : Jèze (Gaston), *De l'utilité pratique des études théoriques de jurisprudence pour l'élaboration et le développement de la science du droit public*; « Revue du droit public et de la science politique en France et à l'étranger », 1914, p. 311-321.

ces jalons, c'est la jurisprudence des tribunaux qui enregistre les mouvements du droit. En sorte que les innovations du droit jurisprudentiel figurent les anneaux d'une chaîne, qui unit les jalons plantés sur la route du droit : sans perdre jamais le contact avec le code d'hier, elles préparent le code de demain.

Voici, pris au hasard, un exemple, qui montre bien comment se forme le droit jurisprudentiel et comment, tout en se rattachant directement au code d'hier, il prépare cependant le code de demain.

Sous l'empire du code civil, le patron était tenu pour responsable des accidents du travail, en vertu de la disposition générale de l'art. 1382, qui oblige quiconque a causé un dommage par sa faute à réparer ce dommage. L'ouvrier, victime d'un accident, ne pouvait donc obtenir en justice une indemnité de son patron, que s'il réussissait à prouver une faute du patron. Le résultat de ce système était que l'ouvrier réussissait très rarement à se faire allouer une indemnité, parce que la preuve d'une faute du patron était généralement fort malaisée.

Il vint un temps où ce système, trop rigoureux pour l'ouvrier, fut réprouvé par le sentiment général. En 1883-1884, simultanément et sans s'être concertés, deux jurisconsultes, un français et un belge, Marc Sauzet et Charles Sainctelette, s'efforcèrent de trouver une interprétation nouvelle du code, qui permit de changer l'orientation de la jurisprudence, dans le problème de la responsabilité des accidents du travail (1).

----

(1) Sauzet (Marc), *De la responsabilité des patrons vis-à-vis des ouvriers dans les accidents industriels,* « Revue critique », août et

L'innovation de Sauzet et de Sainctelette consistait à tenir compte, dans le problème des accidents du travail, de la relation juridique particulière qui unissait patron et ouvrier, c'est-à-dire du contrat qui les liait. Ce contrat impose au patron l'obligation de veiller à la sécurité de l'ouvrier durant le travail ; de sorte que, s'il survient un accident du travail, le patron est présumé avoir contrevenu à son obligation contractuelle envers son ouvrier : la responsabilité du patron est donc engagée, à moins qu'il ne réussisse à prouver que l'accident est dû à un cas fortuit ou à la faute de l'ouvrier.

L'interprétation nouvelle de Sauzet et Sainctelette s'efforçait, on le voit, d'améliorer la condition de l'ouvrier, en se bornant à déplacer le fardeau de la preuve dans les procès d'accidents du travail. La jurisprudence entra assez timidement dans cette voie ; et ses hésitations s'expliquent, parcequ'on remarque sans peine quelques fissures dans le raisonnement des adeptes de la thèse nouvelle (1).

A ceci s'ajoute que l'innovation consistant à déplacer seulement le fardeau de la preuve, ne fournissait qu'une solution bien imparfaite du problème de la responsabilité des accidents du travail. Le développement formidable du machinisme avait porté le problème des infortunes du travail à l'avant plan des préoccupations sociales. Dans ces conditions, il n'était plus possible d'attendre la solution de ces graves problèmes, d'une timide évolution de

novembre 1883 ; SAINCTELETTE (Charles), *De la responsabilité et de la garantie*, Bruxelles, 1884.

(1) Consulter mon *Louage de services ou Contrat de travail*, Paris, 1895, p. 201-214.

la jurisprudence. Une rapide et profonde transformation des conditions sociales appelait une transformation adéquate du régime légal.

En réalité, des lois intervinrent partout, qui tendirent même plus ou moins ouvertement à substituer au principe de la responsabilité, basée sur une faute prouvée ou présumée, le principe du risque professionnel : le patron supporte la charge des accidents du travail, abstraction faite de toute question d'imputabilité ; mais d'autre part la réparation forfaitaire fixée par la loi, si elle n'indemnise que partiellement l'ouvrier, lui est pourtant assurée en tout cas par un système d'assurance obligatoire des patrons.

Tel est le système consacré par la loi du 9 avril 1898, concernant les responsabilités des accidents dont les ouvriers sont victimes dans leur travail. La loi belge du 24 décembre 1903 est entrée dans la même voie, et il est particulièrement intéressant de relever une affirmation générale formulée en tête de cette loi (art. 1ᵉʳ, al. 3) : « L'accident survenu dans le cours de l'exécution du contrat de travail est présumé, jusqu'à preuve contraire, survenu par le fait de cette exécution ».

Ce dernier texte exprime, en somme, la doctrine de Sauzet et de Sainctelette. N'apparaît-il pas clairement par là que le système, déduit d'une interprétation nouvelle de la loi ancienne, servit de pont entre la loi ancienne et la loi nouvelle (1).

(1) On trouvera un relevé de nombreux cas, dans lesquels la jurisprudence a tracé la voie au législateur, dans PERREAU, *Technique de la jurisprudence en droit privé*, II, p. 321 et s.

L'action directe des pratiques de la vie journalière sur l'évolution de la loi écrite. — Il ne serait point malaisé de montrer par d'autres exemples, que même la pratique non contentieuse prépare fréquemment l'œuvre du législateur, en lui révélant manifestement des besoins sociaux, soit inaperçus soit nouveaux.

Ceci est une vérité qui n'a pas précisément le mérite de la nouveauté ; car l'histoire du droit romain fait défiler sous nos yeux d'innombrables innovations introduites par le procédé suivant : par des clauses insérées dans les actes privés, les intéressés s'avisent d'ajouter ou de déroger aux prescriptions de la loi ; pareilles clauses deviennent des clauses de style, quand elles répondent à un besoin constant ; alors il arrive que l'édit du préteur ou la loi ne tardent pas à les considérer comme sous-entendues.

La transformation qui résulte de pareille évolution est claire : aussi longtemps que ces clauses devaient être formulées par les intéressés, le droit qu'elles consacraient appartenait au droit des mœurs, issu de pratiques constantes de la vie civile ; mais du moment où ces clauses sont devenues inutiles, parce que sous-entendues, le droit qu'elles consacraient se trouve désormais consacré directement, soit par l'édit du préteur soit par la loi, c'est-à-dire qu'il relève maintenant du droit du juge ou du droit du législateur.

L'action puissante de la pratique sur l'évolution de la loi se révèle mieux encore dans le spectacle d'usages, en lutte ouverte avec des lois qui s'efforcent vainement de leur barrer le chemin. Quand ces usages extralégaux ou même illégaux obéissent à une impulsion vraiment impérieuse des mœurs, l'issue de la lutte entre l'usage et la loi n'est pas douteuse : au lieu que la loi réussisse à éliminer l'usage qu'elle réprouve, c'est l'usage qui, porté par les mœurs, réussit finalement à forcer l'entrée de la loi.

Voici des exemples de ce genre, qui nous éclairent sur les origines de certaines règles d'organisation judiciaire.

Jusqu'à la fin de la république romaine, il était interdit à l'avocat de recevoir un cadeau à titre de rémunération de sa plaidoirie ; l'empereur Auguste s'efforça de maintenir cette prohibition en instituant contre l'avocat une action en restitution du quadruple des présents reçus ; mais pareille prescription législative était maintenant condamnée à l'impuissance, parce que, sous l'impulsion des mœurs nouvelles, l'usage s'était généralisé de payer des honoraires aux avocats pour leurs plaidoiries ; aussi un demi siècle à peine après l'injonction rigoureuse d'Auguste, l'empereur Claude autorise l'avocat à réclamer en justice des honoraires de son client : ainsi l'usage, tenu pour illicite par le législateur d'hier, reçoit demain la consécration législative.

Semblablement l'usage des gratifications payées par les plaideurs aux auxiliaires du juge s'est généralisé, sous les empereurs romains, en dépit de l'opposition du législateur ; de sorte que, au bas-empire, le législateur, impuissant à enrayer cette pratique, qu'il persistait à tenir pour illicite, préféra finalement, par des raisons d'ordre fiscal, en consacrer l'existence et s'attacher à prévenir les abus au moyen d'une réglementation rigoureuse des taxes judiciaires, devenues désormais légales (1).

Il va sans dire que l'évolution actuelle du droit continue à nous donner le spectacle d'un législateur s'inspirant directement des usages adoptés par les praticiens ; il ne fait en ceci que recueillir les résultats d'une véritable sphygmographie des pulsations sociales ; car il est impossible de concevoir un plus fidèle écho des besoins et des aspirations du milieu social, que celui qui s'enregistre dans les pratiques de la vie journalière. Tout le monde sait, pour ne rappeler qu'un seul exemple, que les lois récentes (loi du 9 mars 1891 et loi belge du 20 novembre 1896), qui reconnaissent au conjoint survivant un droit d'usufruit sur les biens du conjoint décédé, se sont inspirées directement de la pratique notariale, qui s'attachait à sauvegarder les intérêts du conjoint survivant au moyen de clauses insérées dans les contrats de mariage.

La tendance des praticiens à amender ou compléter le régime légal à l'aide de judicieuses combinaisons d'actes juridiques a généralement une très salutaire influence, que M. Perreau relève en ces termes : «Toutes ces analyses approfondies des phénomènes juridiques ont beaucoup affiné le sens du droit ; c'est elles surtout qui ont empêché maint praticien de s'endormir et s'embourber dans une routine grossière. Tous ces procédés, parfois simples, souvent ingénieux, quelques uns d'origine très ancienne, pour atténuer les exigences de la loi, rendent les plus grands services dans les relations journalières de la

(1) Consulter sur ces exemples, mon *Droit romain, aperçu historique sommaire*, Bruxelles, 1921, p. 314-315, 477. Adde : JHERING, *L'évolution du droit*, trad. fr. par DE MEULENAERE, Paris, 1901, p. 72-80.

vie sociale. Ce sont des moyens d'adaptation du droit aux nouveaux besoins, tout au moins aux nouvelles tendances. Ils constituent donc des éléments très précieux pour l'évolution du droit et même pour une évolution dans un sens avant tout pratique et réaliste (1) »

Fonction semblable et simultanée de la loi, de la coutume et de la conviction du juge. — Historiquement le droit des mœurs, le droit du juge et le droit du législateur se classent dans cet ordre ; car la règle de droit est sortie des mœurs, avant qu'il existât un juge pour l'appliquer, et elle a été consacrée par des décisions judiciaires, avant d'avoir été formulée par un législateur.

On pourrait même ajouter que, pour arriver à maturité, chaque règle juridique concrète doit subir, dans l'ordre indiqué, la triple épreuve des mœurs, du juge et du législateur : c'est seulement quand la règle, consacrée par les mœurs, aura été approuvée par le juge, qu'elle sera mûre pour être adoptée par le législateur. « Telle règle nouvelle de notre droit contemporain, écrit Jean Cruet (2), n'est-elle pas née coutume et devenue jurisprudence, avant de s'achever en loi ? » Et les esprits épris de comparaisons empruntées aux sciences naturelles verront en ceci une

(1) PERREAU (E. H.), *Des atténuations par actes juridiques aux lois impératives ou prohibitives*, « Revue trimestrielle de droit civil », 1923, p. 329. — Adde : Le même, *Déformation des lois par les actes juridiques et des actes juridiques par la jurisprudence, Ibidem*, 1921, p. 609-674 ; Le même, *Technique de la jurisprudence en droit privé*, Paris, 1923, II, p. 1 et s.

(2) *La vie du droit et l'impuissance des lois*, p. 13. Comparer aussi : NAST (Marcel), *La fonction de la Jurisprudence dans la vie juridique française*, Strasbourg, 1922

transposition de la loi de Fritz Müller : l'ontogénie résume la phylogénie, c'est à dire que le développement embryogénique de l'individu (règle de droit) reproduit en raccourci le développement paléontologique de l'espèce (droit).

Sans plus tenir compte de leur ordre chronologique d'apparition dans l'évolution historique du droit, nos contemporains ont accoutumé de classer les sources formelles du droit, selon leur importance respective, dans l'ordre suivant : loi, coutume et jurisprudence. C'est ce que fait le plus récent des codes civils, le code fédéral suisse du 10 décembre 1907 : et il est singulièrement intéressant de relever, dans ce code, l'affirmation légale, que le droit persiste à se révéler sous les trois aspects différents, dénommés ici : droit du législateur, droit des mœurs, droit du juge.

L'esprit puissant et pénétrant qui élabora le code suisse (1), M. le professeur Eugène Huber observe dans l'exposé des motifs de son avant-projet (I, p. 30) : « Lorsqu'on prétend, en s'autorisant de théories surannées, que la codification crée un droit intégral et renferme, selon sa lettre et son esprit, les dispositions nécessaires pour tous les cas, on confond la codification avec le droit en général ». « La codification, poursuit-il, peut fort bien

(1) Sur le code civil suisse, voir : *Code civil suisse, avant-projet du département fédéral de justice et police*, Berne 1900 ; *Exposé des motifs*, 3 vol., Berne 1901-1902 ; ROSSEL et MENTHA, *Manuel du droit civil suisse*, 2 vol., Lausanne. — Sur la question spéciale envisagée ici, ajouter : GÉNY (François), *Les pouvoirs du juge d'après le code civil suisse*, dans *Méthode d'interprétation et sources en droit privé positif*, 2e éd., II, 1919, p. 308-329.

présenter des lacunes, elle en accuse même ordinairement de nombreuses : et comment ne pas reconnaître alors, qu'à côté de la codification, il puisse et doive même y avoir d'autres sources du droit, appelées à suppléer au besoin le droit codifié ? »

C'est pour traduire cette pensée en une formule précise, que fut rédigé l'art. 1er du code, qui juxtapose les trois sources, auxquelles sont puisées les règles juridiques : loi, coutume, conviction du juge. « Art. 1er. *Application de la loi.* La loi régit toutes les manières auxquelles se rapportent la lettre ou l'esprit de ses dispositions. — A défaut d'une disposition légale applicable, le juge prononce selon le droit coutumier et, à défaut d'une coutume, selon les règles qu'il établirait s'il avait à faire acte de législateur. — Il s'inspire des solutions consacrées par la doctrine et la jurisprudence. »

Dans ce système, il est remarquable que la coutume et la jurisprudence ne sont pas, au regard de la loi écrite, des sources proprement subsidiaires. Car c'est à défaut de loi écrite *applicable*, qu'il est permis de recourir à la coutume et à la conviction du juge. Or on admet que la loi a cessé d'être *applicable*, quand les idées, sous l'empire desquelles elle a été rédigée, se sont modifiées. « Le code civil de 1907, écrivent les jurisconsultes suisses (1), sera peut-être encore le code civil de 1957 ; nombre de ses dispositions, pour être demeurées intactes à travers un demi siècle, ne seront plus pour nos descendants ce qu'elles sont pour nous ». A ceci s'ajoute que l'on n'hésite pas davantage, en Suisse, à reconnaître à la

____

(1) Rossel et Mentha, *op. cit.*, I, p. 63.

coutume la vertu d'écarter l'application de prescriptions formelles de la loi écrite : « si le droit coutumier, écrit M. Eugène Huber (1), avait abrogé en fait le droit écrit et sans aucune sanction légale, l'événement étant accompli serait par cela même consacré ». Que la coutume puisse avoir pour effet d'annuler ou d'éluder les prescriptions de la loi, c'est là, aux yeux des jurisconsultes suisses, une vérité qui va de soi : « si cette opinion, disent-ils (2), est excessive pour les Etats, dans lesquels la loi est exclusivement l'œuvre de pouvoirs publics délégués par le souverain, elle s'entend presque de soi dans une démocratie où le peuple est la suprême autorité législative ».

Cette dernière distinction, que les interprètes du code suisse empruntent aux modalités du régime législatif, nous paraît ici superflue. Car c'est un fait d'observation tout à fait générale, que l'action destructrice du temps sur les prescriptions légales. Et si troublante que cette vérité puisse paraître à certains esprits, il n'en est pas moins constant que nulle part la loi n'échappe à la mort naturelle, consécutive à un non-usage prolongé. Pour la France même, Jean Cruet (3) a relevé naguère quelques exemples actuels de textes légaux éliminés par la désuétude.

Le code suisse, en proclamant qu'il y a, à côté de la loi, deux autres sources vives de règles juridiques, la coutume et la jurisprudence, se garde bien d'assujettir à aucune méthode particulière l'activité proprement créa-

(1) *Exposé des motifs*, I, p. 30
(2) ROSSEL et MENTHA, *op. cit*, I, p. 65.
(3) *La vie du droit et l'impuissance des lois*, p. 252-259. — Adde : CHARMONT (J), *La coutume contre la loi*, dans la « Revue de méta-

trice du juge : il est enjoint au juge suisse, d'une manière générale et sans autre précision, de suivre les impulsions de sa conviction et d'appliquer la règle qu'il formulerait s'il avait à légiférer.

Ce système doit retenir notre attention, parce qu'il a, à notre sens, l'énorme mérite de la franchise ; il dévoile sans détour la réalité ; et, en législation comme en politique, la sincérité n'est-elle pas, en somme, la plus sûre des méthodes ? « Cédant à une illusion qui persiste encore, — lisons nous dans l'exposé des motifs de M. Eugène Huber (1, p. 31-32), — l'on croyait que le juge appliquait toujours le droit écrit, sinon dans sa lettre, du moins dans son esprit ; or, comme nous l'avons vu, cette supposition est fausse. On objectera sans doute à la solution toute naturelle du projet, qu'elle laisse trop de latitude au juge, et nous ne contestons pas que cette objection ait une certaine force. Le juge deviendra plus libre qu'il ne l'est actuellement là où on exige de lui qu'il tire tout de la loi, en recourant à la rigueur aux interprétations les plus sujettes à caution. Il exercera son ministère avec plus de dignité dès l'instant où l'on ne lui demandera plus de pareils tours de force. Il doit être autorisé à reconnaître que le droit écrit a ses lacunes qu'aucune interprétation ne peut combler. Et, cette constatation faite, il prononce en se fondant non sur une loi

physique et de morale », XXIV (1917), p. 469-476, où il est montré comment la pratique a réagi insensiblement contre le régime de l'incapacité légale de la femme mariée, comment en l'atténuant et l'affaiblissant progressivement, elle réussit à le rendre plus tolérable.

qui serait absolument complète, mais sur le droit qui doit l'être, et il crée lui-même la norme qu'il estimerait juste et sage, dans le cadre de l'ordre juridique existant, s'il faisait office de législateur ».

CHAPITRE III

L'herméneutique juridique et ses méthodes

> Comme le vrai droit peut se définir la di-
> rection des individus vers le plus haut idéal
> de société possible, il semble que le droit
> conçu d'une façon toute mécanique et géo-
> métrique demeure toujours un point de vue
> inférieur, au-dessus duquel il faut chercher
> à s'élever.
>
> Alfred FOUILLÉE.

La souveraineté du législateur et l'autonomie de la jurisprudence. — Il y a quelque chose de troublant, dans la constatation de ce fait indiscutable que la jurisprudence des tribunaux ne respecte pas toujours les prescriptions de la loi.

Les tribunaux ne sont-ils pas institués uniquement pour assurer l'application de la loi, et du moment où ils ne respectent plus certaines prescriptions légales, même surannées, n'empiètent-ils pas arbitrairement sur la fonction d'un autre organe social, le législateur?

Pour ceux qui élèvent la séparation des pouvoirs à la hauteur d'un dogme (1) et ne transigent pas avec le prin-

(1) Sur le principe de la séparation des pouvoirs tel que l'entendait Montesquieu, consulter : HAURIOU (Maurice), *Précis de droit constitutionnel*, 1923, p. 401 et s.

cipe de la souveraineté du législateur, les innovations du droit jurisprudentiel constituent des abus intolérables et témoignent d'une anarchie déplorable.

Ce point de vue devrait s'imposer avec plus de force encore aux adeptes d'une doctrine assez répandue, qui fait passer le pouvoir judiciaire à l'arrière plan ; car en reléguant le juge dans une condition subalterne, on rend inutile et même inconcevable, une séparation systématique du pouvoir judiciaire d'avec d'autres pouvoirs, auxquels il serait en réalité subordonné. M. Maurice Hauriou se réclame de cette doctrine : il propose de biffer le pouvoir judiciaire de la liste des pouvoirs, entre lesquels doit régner le principe de la séparation, et d'y substituer le pouvoir de suffrage, comme troisième pouvoir à côté du pouvoir exécutif et du pouvoir délibérant (1). Il va sans dire que cette conception de la « situation diminuée du juge », ne fait aucune place à l'autonomie de la jurisprudence (2). Et pourtant l'activité créatrice propre à la jurisprudence est un phénomène qui s'impose si impérieusement à l'attention, que M. Hauriou lui-même ne recule pas, par ailleurs, devant la constatation suivante : « Sans doute la coutume est restée tarie comme source générale du droit, mais sous la forme spéciale de coutume jurisprudentielle elle s'est reconstituée,... les juges ont lentement reconquis tous les pouvoirs d'interprétation nécessaires, ils ont recouvert les lois d'une couche de gloses coutumières si épaisse qu'on ne consulte plus les codes, mais les recueils de jurisprudence » (3).

(1) Op. cit., p. 408.
(2) Op. cit., p. 315-316.
(3) Op. cit., p. 61.

En vérité, les innovations du droit jurisprudentiel sont un fait d'observation et même un fait constant. Or a-t-il jamais été possible d'écarter une réalité constatée, en s'abritant derrière un principe théorique, qui ne pourrait tolérer cette réalité? Si la réalité existe, n'est-ce point parce qu'elle est plus forte que la doctrine abstraite qui la réprouve? Et n'est-il pas plus vrai de dire qu'une règle abstraite est illusoire, quand elle ignore systématiquement les réalités qui la contredisent?

Plutôt que d'essayer vainement d'assujettir la réalité à une règle abstraite forgée artificiellement, suivons le sage conseil du jurisconsulte romain, et attachons-nous à dégager uniquement de la réalité concrète, les règles abstraites du droit : plions les théories aux faits et non les faits aux théories ; *non ex regula ius sumatur, sed ex iure quod est regula fiat*. Cinq siècles avant le jurisconsulte Paul, Théophraste avait déjà exprimé la même idée en ces termes : ce ne sont pas les faits qui sont ajustés aux lois, mais bien les lois qui sont ajustées aux faits (1).

L'épanouissement du droit jurisprudentiel en marge du droit du législateur étant un fait acquis, il convient de ne pas le condamner, puisque, — nous l'avons vu, — le législateur et le juge sont deux organes d'expression du droit, qui accomplissent chacun une fonction également salutaire : celle du législateur satisfait au besoin de stabilité des rapports sociaux, et celle du juge, au besoin non moins impérieux de mobilité des rapports sociaux.

Ce qu'il importe de rechercher, c'est donc la ligne de démarcation entre les domaines respectifs de l'activité

(1) Stobée, *Serm.* XXVII.

créatrice du législateur et du juge. Le problème très délicat à résoudre consiste, dit-on parfois, à trouver le moyen de concilier la souveraineté de la loi et l'autonomie de la jurisprudence.

A première vue, il semble que la question soit ainsi formulée en des termes peu heureux. Car les deux principes qu'on cherche à concilier, s'ils sont des vérités absolues, sont exclusifs l'un de l'autre et par conséquent inconciliables : la souveraineté du législateur, si elle est absolue, exclut toute activité créatrice propre au juge : semblablement par contre, l'autonomie de la jurisprudence, si elle était absolue, ne laisserait plus place à l'activité d'un autre organe proprement législatif. Mais nous savons que, dans notre organisation sociale moderne, le principe de la souveraineté de la loi et le principe de l'autonomie de la jurisprudence, n'ont tous deux qu'une portée relative. Il n'est donc pas chimérique de chercher le moyen de délimiter le terrain réservé à la mise en œuvre de chacun d'eux.

Pour accomplir cette tâche délicate, nos habitudes de penser nous portent tout naturellement à prendre pour point de départ, le principe de la souveraineté de la loi. Car le législateur étant un organe social spécialement et exclusivement affecté à l'expression des règles juridiques, nous croyons volontiers que c'est sa toute puissance ou sa souveraineté, qui prête aux prescriptions légales la force obligatoire. Quant au juge, il est un organe social dont la fonction est principalement d'appliquer les règles de droit, et accessoirement, de les exprimer : en tant que le juge applique le droit, ses décisions sont souveraines pour les plaideurs entre lesquels elles ont été rendues :

mais les règles de droit qu'il applique, on pourrait difficilement imaginer que le juge se dispensât de les exprimer : quand son expression coïncide avec l'expression de la règle par le législateur, la souveraineté de la loi est respectée ; par contre lorsque l'expression de la règle par le juge diffère de l'expression de la règle par le législateur, le juge affirme son indépendance et se hausse au rang d'un organe d'expression du droit, à côté du législateur dont il entame ainsi la toute puissance.

Le caractère purement interprétatif du droit jurisprudentiel. — Les innovations du droit jurisprudentiel apparaissent donc comme des empiètements du juge sur la fonction propre au législateur. En faisant application des préceptes légaux, le juge s'enhardit parfois jusqu'à modifier la portée de la règle légale qu'il applique : ainsi sa décision se rattache-t-elle, en la forme, à une règle légale, dont elle s'affranchit, au fond.

La décision du juge est, en principe, dépendante du texte de loi qu'elle applique, sans que cependant cette dépendance puisse être assimilée à un asservissement. Comment fixera-t-on les bornes de l'autonomie du juge? Comment déterminera-t-on la mesure dans laquelle il pourra être toléré que le juge, qui met en œuvre les règles du droit, empiète sur la fonction du législateur, qui formule ces mêmes règles?

Il faut se demander, en d'autres termes, quelle latitude sera laissée au juge, dans l'application de la loi aux litiges privés, ou plus exactement quelles pourront être ses méthodes d'interprétation de la loi. Ainsi le problème de la conciliation de la souveraineté de la loi avec l'autonomie de la jurisprudence, se ramène au problème des méthodes d'interprétation de la loi par le juge.

Selon la juste observation de M. Perreau (1), il faut, pour conserver de la stabilité aux règles juridiques, que la jurisprudence appuie ses innovations sur des textes écrits ; toutefois elle ne doit voir dans la loi écrite qu'un guide raisonnable, mais humain, c'est-à-dire imparfait ; et ainsi il lui sera permis d'admettre une interprétation évolutive des lois écrites. Le but de la jurisprudence sera de dégager des lois, par des moyens techniques qui n'ont rien d'immuable, les solutions dictées par la justice et l'utilité sociale.

Ceci revient à dire que, dans son œuvre de réajustement des règles du droit, le juge doit être contenu par la solide armature des méthodes d'interprétation de la loi, mais que l'accord des jurisconsultes sera toujours malaisé à réaliser sur le choix de ces méthodes (2).

Toute la gravité du problème de l'interprétation des lois peut-être mise en lumière par quelques exemples empruntés à la jurisprudence célèbre du président Magnaud, dit le bon juge de Chateau-Thierry, 1889 à 1904 (3). Quand cet interprète audacieux élimine purement et simplement une loi qui lui déplaît, sa décision, — expression

(1) *Technique de la jurisprudence pour la transformation du droit privé*, dans la « Revue trimestrielle de droit civil », XI, 1912, p. 609-665.

(2) Consulter aussi : PERREAU (E. H.), *Technique de la Jurisprudence en droit privé*, Paris, 1923, 1, p. 28 et s.

(3) Consulter principalement : LEYRET (Henry), *Les jugements du président Magnaud* (1900) et *Les nouveaux jugements du président Magnaud* (1904) ; GÉNY (François), *Une passade de jurisprudence : le « phénomène Magnaud »*, dans *Méthode d'interprétation*, 2ᵉ éd., II, p. 287-307.

d'un sentiment personnel sans concordance avec le sentiment général, — rompt brusquement avec le régime juridique établi et compromet par conséquent la paix publique, en enlevant toute stabilité aux transactions. Voici un exemple : il est arrivé, je crois, au président Magnaud de se refuser à pourvoir un prodigue d'un conseil judiciaire, parce qu'il convient, selon lui, de ne pas entraver la circulation des richesses et qu'il vaudrait mieux par conséquent prendre des mesures contre les avares que contre les prodigues.

Cependant à côté de décisions qui ont un caractère révolutionnaire, on rencontre aussi dans l'œuvre du président Magnaud, des innovations jurisprudentielles plus heureuses, fruit de la saine tradition qui rattache, sans soubresauts et par l'assentiment unanime des juges, le droit de demain au droit d'hier. Ainsi en 1898, sous l'empire de l'art. 340 du code civil, qui interdisait la recherche de la paternité, un séducteur fut condamné, non seulement à des dommages et intérêts pour inexécution de promesse de mariage, mais aussi au paiement d'une rente jusqu'à la majorité de l'enfant, fruit de la séduction. Sur ce point, la sentence du bon juge n'a rien de révolutionnaire ; car elle n'est pas isolée ; elle traduit un sentiment général, dont les tribunaux se faisaient les interprètes depuis longtemps, et ainsi elle prend place dans ce droit jurisprudentiel qui prépare si heureusement l'œuvre du législateur. Il arriva en effet, en 1908 pour la Belgique et en 1912 pour la France, qu'une loi, s'inspirant de la jurisprudence, détermina les multiples circonstances, dans lesquelles la recherche de la paternité doit être admise désormais.

Insuffisance des méthodes d'interprétation des textes légaux. — Pour extraire d'un texte de loi toutes les richesses qu'il recèle, il faut, — disait-on communément naguère, — employer la méthode déductive.

Ce procédé, — nous l'avons vu (p. 61 et s.), — devient particulièrement dangereux, quand le texte à interpréter a vieilli, parce qu'alors il est à craindre que les déductions logiques d'un texte suranné ne répondent plus aux exigences sociales actuelles. Aussi, pour éviter cet écueil, propose-t-on à l'interprète de baser ses raisonnements logiques, moins sur le texte de la loi, que sur la pensée ou le but du législateur : la plupart disent que l'interprète doit rechercher quelle fut la volonté du législateur : d'autres préfèrent dire que l'interprète doit rechercher quel fut le but du législateur (1) ; mais une différence entre ces deux formules ne serait réellement sensible, que s'il était permis de concevoir un législateur qui poursuivrait un but indépendamment de sa volonté. Quoiqu'il en soit, ces formules, qui laissent assurément quelque latitude aux interprètes, ne pourront toujours suffire au rajeunissement forcé de règles légales surannées.

Mais comme, pour l'accomplissement de cette œuvre nécessaire de rajeunissement, les jurisconsultes hésitent à abandonner le terrain de l'interprétation, ils se laissent aller à formuler des règles d'interprétation qui en vérité, affranchissent totalement l'interprète, et du texte et de l'esprit de la loi.

La formule la plus caractéristique de ce genre est celle

(1) Vander Eycken (Paul), *Méthode positive de l'interprétation juridique*, Bruxelles, 1906.

qui fut donnée, à l'occasion du centenaire du code civil, par M. le premier président Ballot-Beaupré : « Le juge ne doit pas s'attacher à rechercher obstinément quelle a été, il y a cent ans, la pensée des auteurs du code en rédigeant tel ou tel article ; il doit se demander ce qu'elle serait si le même article était aujourd'hui rédigé par eux ; il doit se dire qu'en présence de tous les changements, qui, depuis un siècle, se sont opérés dans les idées, dans les mœurs, dans les institutions, dans l'état économique et social de la France, la justice et la raison commandent d'adapter libéralement, humainement, le texte aux réalités et aux exigences de la vie moderne (1). »

Est-il possible d'affirmer, avec plus de finesse et d'énergie à la fois, la faillite de toute méthode proprement interprétative ?

D'ailleurs il n'est pas malaisé de constater par l'observation de maints exemples, que les règles tenues pour fondamentales de toute méthode d'interprétation, cèdent sous la pression irrésistible des faits. Voici, pris au hasard, un exemple topique de ce genre.

En tête du catéchisme de l'interprète, figure le dogme de l'interprétation restrictive de toute disposition d'exception. Or l'art. 1119 du code civil proclame la règle de la nullité de la stipulation pour autrui, et l'art. 1121 formule une exception à cette règle : la stipulation pour autrui est valable, lorsqu'elle est la condition d'une stipulation que l'on fait pour soi-même ou d'une donation que l'on fait à un autre. Aujourd'hui il

____

(1) *Le centenaire du code civil*, Paris, Imprimerie nationale, 1904, p. 27. — Rapprocher de l'art. 1er, al. 2 du code civil suisse de 1907, *supra*, p. 77.

apparaît clairement que la règle de l'art. 1119 est surannée, parce qu'elle fait inutilement obstacle à la conclusion de maints contrats, qui sont définitivement entrés dans les mœurs. tel le contrat d'assurance sur la vie (1). Aussi la règle surannée de l'art. 1119 a-t-elle disparu des législations récentes, telles que le code allemand et le code suisse.

En France et en Belgique, comment la jurisprudence s'y est-elle prise pour rendre inoffensive la vieille règle de la nullité de la stipulation pour autrui? Elle a eu recours à des expédients d'interprétation, qui font bon marché des préceptes fondamentaux de toute méthode d'interprétation, puisqu'ils consistent à appliquer extensivement la disposition d'exception de l'art. 1121 : chaque fois qu'un tribunal valide une stipulation pour autrui, il tâche à se donner l'illusion d'y voir la condition d'une stipulation faite pour le stipulant lui-même ; ou bien même le tribunal n'hésite pas à dire **que**, si la stipulation pour autrui est valable quand elle constitue une charge imposée à un donataire. *a fortiori* doit-il en être de même quand elle est la contre-valeur de prestations accomplies sans aucune idée de libéralité. Ceci est vrai spécialement dans le cas de l'assurance sur la vie souscrite au profit d'un tiers : la stipulation du capital assuré est la condition ou plus exactement la charge, non d'une donation des primes, mais d'un paiement des primes, effectué sans idée de libéralité et en exécution d'un contrat commutatif (2).

(1) *Supra*, p. 64-65.
(2) Consulter notamment : BALLEYDIER et CAPITANT, *L'assurance sur la vie au profit d'un tiers et la jurisprudence*, dans le Livre

La libre recherche scientifique et le droit commun législatif. — Malgré les louables efforts faits pour réduire toute l'activité créatrice de la jurisprudence à la seule mise en œuvre de méthodes d'interprétation de la loi, il devient impossible à un observateur clairvoyant et impartial, de ne pas reconnaître que le juge puise parfois ses inspirations ailleurs que dans la loi.

Ceci est devenu vérité d'évidence, notamment depuis la publication des remarquables travaux de deux penseurs, qui obéissent pourtant à des tendances différentes. MM. François Gény et Edouard Lambert.

Pour M. Gény, il y a, à côté du texte de loi que le juge doit se borner à interpréter, d'autres sources accessoires qui inspireront aussi les décisions judiciaires, à savoir la coutume, la tradition et la libre recherche scientifique de *la nature des choses positive* (1).

Quant à M. Lambert, il rejette la distinction entre le domaine de la loi, réservé à une interprétation servile des textes, et un domaine de libre recherche scientifique, où l'évolution spontanée du droit se traduirait en règles dégagées de *la nature des choses positive*. Ses préférences vont à l'élargissement des méthodes traditionnelles d'interprétation : selon lui, l'appareil traditionnel d'interprétation doit être conservé pour régulariser et affermir la

du centenaire du code civil, Paris, 1904. I, p. 513-582 ; Planiol, *Droit civil*, 8ᵉ édit. 1921, II, nᵒˢ 1230 et 2193 et s. ; Colin et Capitant, *Droit civil*, 3ᵉ éd., 1921, II, p. 323-325. Des exemples nombreux d'interprétation extensive de textes exceptionnels sont réunis par M. Perreau, *Technique de la Jurisprudence en droit privé*, I, p. 304-342.

(1) Gény (François), *Méthode d'interprétation et sources en droit privé positif*, 2ᵉ éd., II, 1919, p. 221-234.

marche de l'évolution des règles juridiques ; mais il faut se garder d'un maniement défectueux de cet appareil, mis au service du dogme faux de l'immobilité de la loi. De l'étude comparative du droit dans le temps et dans l'espace, se dégage un fond international d'idées juridiques, ou *droit commun législatif*, qui ne se bornera pas à exercer une heureuse influence sur les réformes législatives de l'avenir ; le *droit commun législatif*, quand il sera devenu l'un des éléments de culture professionnelle du juriste, contribuera aussi à activer le progrès de la jurisprudence ; car en fournissant une base solide à l'interprétation du juge, il affermira celle-ci et diminuera les risques inévitables que les mouvements extra-législatifs du droit font courir à la sécurité des relations juridiques (1).

Le conflit entre les méthodes respectives de M. Gény et de M. Lambert n'est-il pas plus apparent que réel ? L'essentiel · , à mon sens, que ces deux auteurs s'accordent à ce point subordonner toute activité judiciaire à un asservissement exclusif du juge au texte de la loi. Qu'un bon juge cherche ses inspirations extra-légales, dans *la nature des choses positive* révélée par la libre recherche scientifique, ou dans un fond international d'idées juridiques appelé *droit commun législatif*, il n'importe. Car en ceci, la méthode n'a qu'une importance secondaire.

Heureux effet de la multiplicité des méthodes juridiques. — Pour surprendre les règles de droit qui s'épa-

---

(1) LAMBERT (Édouard), *Droit commun législatif*, p. 41, 102-103, 910-927.

nouissent en marge des textes légaux, le détail des méthodes ou des procédés est impossible à déterminer.

On peut faire, au sujet des méthodes juridiques, une observation analogue à celle que nous avons faite, au sujet de la définition du droit. De même qu'il paraît impossible de formuler une définition parfaite du droit, de même il faut renoncer à découvrir une méthode juridique intégrale et immuable. Et ceci non plus ne doit point nous affliger.

En vérité, dans leurs investigations et déductions, les jurisconsultes auront toujours recours à certains procédés, qui varient suivant les temps et les lieux et ne paraissent pas tous également heureux. Mais la multiplicité des méthodes juridiques ne produit-elle pas cet heureux résultat de féconder merveilleusement le terrain du droit, en le retournant sans cesse et en tout sens ?

Chaque génération de jurisconsultes reprend les questions qui ont préoccupé la génération précédente ; elle les soumet à de nouvelles recherches, à une nouvelle critique ; dans ce travail, elle obéit forcément aux idées que le milieu social a rendues dominantes, et, comme le milieu social est essentiellement muable, le point de vue dominant varie d'âge en âge et les problèmes juridiques apparaissent à chaque génération sous un aspect nouveau.

L'éducation sociologique des jurisconsultes. — Ce qui importe, pour nous permettre de saisir l'épanouissement du droit dans la société, c'est moins de nous armer d'une procédure savamment agencée, que d'assurer à nos jurisconsultes une mentalité appropriée à leur tâche délicate. Le problème de la formation des jurisconsultes prime le problème des méthodes juridiques : le jurisconsulte, digne de ce nom, doit être doué d'un esprit juridique, affiné et assoupli par le sens exact des réalités ; il faut que se dissipe le sens péjoratif attaché communément à l'expression « esprit juriste », et qu'il ne soit plus permis de dire, avec Albert Sorel, « c'est un pur jurisconsulte, il déduit et n'observe pas (1) ».

Le plus grave écueil à éviter est, pour le jurisconsulte, la perte de tout contact avec les réalités : il serait désastreux que les jurisconsultes devinssent de purs abstracteurs de quintessence qui, dans leurs déductions et constructions juridiques, feraient bon marché des réalités de notre vie sociale. Le moyen le plus efficace de prévenir ce danger est de développer la formation sociologique du jurisconsulte (2).

C'est l'expression de cette préoccupation, qu'il nous plaît à relever sous les efforts faits par MM. Gény et Lambert pour l'amélioration des méthodes juridiques. M. Gény semble attacher le plus de poids au facteur de formation philosophique des jurisconsultes, quand il range parmi les sources juridiques la libre recherche

(1) Cité par CRUET (Jean), *La vie du droit et l'impuissance des lois*, p. 4.

(2) On lira avec fruit de judicieuses observations sur l'éducation du magistrat, rédigées à l'usage des gens du monde par Maxime LEROY, dans la « Revue de Paris », mai-juin 1905, p. 536-552. On y joindra un autre article, conçu dans le même esprit et écrit également pour le grand public : C. BOUGLÉ, *L'esprit nouveau de la science du droit*, *Juristes et socialistes*, dans la « Revue bleue », 43ᵉ année, 1906, 1ᵉʳ semestre, p. 587-590. Ceci est un aperçu lumineux et alerte des procédés d'assouplissement et de réajustement des textes légaux par la jurisprudence et la doctrine.

scientifique de *la nature des choses positive*. M. Lambert insiste plutôt sur le facteur historique et comparatiste, dans la formation juridique, puisque son *droit commun législatif*, appelé à guider l'interprétation juridique, est déduit des données fournies par l'histoire du droit et le droit comparé. Ces tendances paraissent également salutaires ; à certains égards elles se couvrent, et en tout cas elles ne sont nullement exclusives (1).

Accroissement du domaine du juge aux dépens de celui du législateur. — Quelle que soit la position prise sur les questions de méthodologie juridique ou de modes de formation du sentiment juridique, il apparaît clairement en tout cas que la fonction proprement créatrice du juge tend à s'amplifier singulièrement.

Déjà dans le système qui réduit la tâche du juge à celle d'un simple interprète des textes légaux, le domaine abandonné à l'appréciation du juge est considérable. Ainsi, quand le code proclame que « l'obligation de veiller à la conservation d'une chose, soumet celui qui en est chargé à y apporter tous les soins d'un bon père de famille, » (art. 1137 c. c.) il reste au juge à fixer, dans chaque cas particulier, ce que comportent exactement les soins d'un bon père de famille.

Ce rôle considérable du juge était déjà caractérisé très justement par ces paroles de Portalis : « L'office de la loi est de fixer, par de grandes vues, les maximes

(1) Sur le problème des méthodes juridiques : GÉNY (François), *Science et technique en droit privé positif*, 3 vol., Paris, 1914, 1915, 1921 ; PERREAU (E. H.), *Technique de la Jurisprudence en droit privé*, 2 vol., 1923, spécialement, I, p. 255 et s.

générales du droit, d'établir les principes féconds en conséquences, et non de descendre dans le détail des questions que fait naître chaque matière. *C'est au magistrat et au jurisconsulte, pénétrés de l'esprit général des lois, à en diriger l'application* ».

Gardons-nous donc de croire qu'une révision de nos codes, parce qu'elle mettrait à jour les formules légales des règles juridiques, supprimerait provisoirement l'activité proprement créatrice du juge, en ravalant ce dernier au rang d'interprète servile des textes nouveaux.

On constate au contraire, que les rédacteurs des codes les plus récents ne se contentent plus de s'inspirer de la pensée de Portalis ; ils la dépassent, et obéissant à une tendance très salutaire, ils n'hésitent pas à réclamer des juges une collaboration directe à l'élaboration des règles juridiques.

Tout le monde sait que les formules légales des règles juridiques, parce qu'elles doivent se tenir sur le terrain des moyennes et qu'elles ont ainsi un caractère forfaitaire, peuvent emporter des applications injustes dans les *cas-limites*. Les esprits dogmatiques verront en ceci un mal inévitable ; car, diront-ils, l'intérêt de la certitude du droit exige impérieusement que le sentiment général de la justice soit ici sacrifié (1). D'autres trouveront cependant ce sacrifice fâcheux et inutile: ils ne s'effaroucheront nullement de voir confier au juge le soin d'assouplir les formules légales forfaitaires. dans leur application aux *cas-limites* ; ce procédé, à leurs

____

(1) En ce sens : Rumpf, *Le droit et l'opinion*, trad. fr. de Huggeney, Paris, 1911, p. 75 et s.

yeux, n'entraînera point le sacrifice de la certitude du droit. L'expérience démontre en effet que, dans l'appréciation des tribunaux, il s'établit progressivement des règles constantes, dont la certitude n'exclut pourtant pas la flexibilité, nécessaire à leur réajustement aux mouvements de la vie sociale.

Les législateurs contemporains sont entrés délibérément dans cette dernière voie : ils font appel à la collaboration directe du juge, auquel ils confient la mission d'appliquer la doctrine générale, dite de l'abus des droits.

ര

CHAPITRE IV

L'abus des droits

Non omne quod licet honestum est.
          Julius PAULUS.

Comme la mode fait l'agrément, ainsi fait-
elle la justice.
          PASCAL.

Notion des droits subjectifs. — On entend dire couramment aujourd'hui que le droit est trop individualiste et qu'il convient de le socialiser davantage.

A première vue, ce langage étonne ; parce que le droit, n'étant autre chose qu'un facteur organique de la vie sociale, est social par essence : le droit est inconcevable en dehors de la société, et un droit asocial serait une contradiction en soi.

Ce qui est vrai, c'est que les définitions légales ou les formules dans lesquelles sont exprimées les règles de droit, sont empreintes d'un individualisme excessif.

Voici comment ce phénomène s'est produit.

C'est presqu'un truisme d'affirmer que c'est seulement dans le milieu social, qu'il est possible de surprendre les règles de droit, puisque celles-ci n'ont d'autre fonction que d'harmoniser les rapports entre les membres du groupe social. Pourtant il n'est pas permis d'oublier que l'individu est la cellule de toute collectivité organisée.

Les individus groupés forment donc le substratum du droit : c'est pour les individus, dans leurs rapports entre eux, que sont formulées les règles de droit.

Dès lors ces règles, formulées par des individus et pour des individus, comment seront-elles conçues ?

Le juriste, pour rendre les règles de droit accessibles à la masse, les formulera telles qu'elles se reflètent dans la personnalité de chaque individu : les règles organiques des rapports sociaux, bien qu'elles soient destinées à ordonner l'accomplissement de la fonction sociale incombant à chacun, sont envisagées du point de vue purement individuel ; elles sont projetées sur l'écran de l'individu et, telles qu'elles apparaissent ici, elles sont exprimées sous la forme de prérogatives des individus dans le milieu social. La loi, dit-on, reconnaît à l'individu des droits subjectifs.

Le danger des formules et définitions légales individualistes se devine sans peine : il faut craindre que, pour la définition de droits individuels ou subjectifs, le législateur ne réussisse pas à trouver une formule tenant suffisamment compte de toutes les réactions du milieu social sur l'individu. Dans la réalité, les réactions du milieu social sur les prérogatives et les devoirs de chaque sujet, qui baigne dans ce milieu, sont innombrables ; aussi sera-t-il toujours bien malaisé au législateur de n'en omettre aucune, dans les formules qu'il adoptera pour définir les droits subjectifs.

Cependant nos habitudes invétérées de penser ne nous permettraient pas de rejeter brusquement ce mode de formuler les règles de droit, qui reporte sur chaque individu l'ensemble des prérogatives et des devoirs qu'implique, dans sa personne, l'organisation des rapports sociaux.

Faut-il rappeler en outre que le procédé des formules ou définitions légales individualistes s'est trouvé singulièrement favorisé par les circonstances, au moment de la rédaction du code civil de 1804 ? La réaction contre les abus de l'ancien régime et de son organisation sociale et économique, avait conduit au triomphe de l'individualisme, préparé d'ailleurs par les doctrines philosophiques du XVIIIe siècle. La révolution ayant affranchi l'individu des entraves insupportables apportées par l'ancien régime au libre épanouissement de sa personnalité, aucun bien ne parut désormais plus précieux que « la liberté, la propriété, la sûreté et la résistance à l'oppression », qui sont « les droits naturels et imprescriptibles de l'homme », selon la Déclaration de 1789.

On sait que la Déclaration des droits de l'homme et du citoyen, du 2 octobre 1789, qui servit plus tard de préambule à la constitution de 1791 et fut imitée aussi par certaines constitutions modernes (1), reconnaît à l'individu, entité abstraite et universelle, des prérogatives antérieures et supérieures aux conventions et lois humaines (2) : l'individu est arraché au domaine de la réalité et transporté dans le domaine de la fiction ; il est envisagé, par la pensée, dans un état irréel, indépendant de tout groupement social ; et, dans cette condition fic-

_____

(1) DARESTE, *Les constitutions modernes*, II, p. 435. Consulter aussi : HAURIOU, *Précis de droit constitutionnel*, 1923, p. 85 et s., où l'on trouve le texte de la Déclaration.

(2) BEUDANT (C.), *Le droit individuel et l'État*, 3e éd., Paris, 1920, p. 137.

tive d'isolement, il est censé investi de prérogatives inde-
lébiles, qui échappent aux atteintes de tout organisme
social, puisque « le but de toute association politique est
la *conservation* des droits naturels et imprescriptibles de
l'homme ».

Cet individualisme hypertrophié, qui trouvait sa justi-
fication dans les événements historiques, eut une
influence considérable sur la rédaction du code civil de
1804. On pourrait caractériser le défaut capital de la
méthode des rédacteurs de ce code, en disant que, obéissant aux impulsions des doctrines individualistes et de
l'école du droit naturel, ils ont commis l'inconséquence
de projeter fictivement l'individu hors du milieu social,
pour dicter alors à cette entité abstraite et asociale, les
préceptes d'une réglementation sociale.

Définition traditionnelle du droit de propriété. —
Dans le code de 1804, la mise en œuvre du procédé
d'individualisation à outrance est particulièrement appa-
rente dans la définition bien connue du droit de propriété.

En général les codes s'abstiennent prudemment de
donner une définition légale des droits subjectifs, dont
ils consacrent l'existence. Rompant avec cette sage tradition, le code français, dans son article 544, formule pour
la propriété une définition empruntée au langage vul-
gaire ou aux conceptions des gens du monde, plutôt
qu'aux conceptions juridiques.

La propriété est présentée, dans cette définition, sous
l'aspect d'une maîtrise absolue d'une personne sur une
chose. Or cette façon d'envisager la propriété offre précisément la grave lacune de laisser dans l'ombre le carac-

tèr ...ocial et proprement juridique de l'institution à définir. Pareille particularité d'une définition légale n'est-elle pas un peu déconcertante pour un jurisconsulte ? A vrai dire, il y a là, pour le moins, une grossière incorrection technique : car le droit étant destiné à réglementer les rapports des individus entre eux dans la vie en société, il est inconcevable qu'un droit subjectif puisse être reconnu à un individu, sinon au regard des autres membres du groupe social : tout droit subjectif implique par essence un rapport de personne à personne : en conséquence dans toute définition d'un droit, il est indispensable que l'idée d'un rapport de personne à personne apparaisse à l'avant-plan, puisque c'est, à vrai dire, la caractéristique proprement juridique.

Restrictions légales à la propriété maîtrise. — La définition légale ajuridique de l'art. 544 c. c. constitue un point de départ faux et dangereux, qui risque d'égarer le praticien du droit. N'est-il pas à craindre que celui-ci, voyant dans la propriété une maîtrise complète, ne sacrifie trop radicalement, au profit du propriétaire, les intérêts les plus respectables de la collectivité ?

Sans doute la définition de l'art. 544 réserve la possibilité de restrictions légales apportées à la maîtrise absolue du propriétaire. Cette réserve atteste trop timidement le remords du législateur d'avoir été trop loin dans sa définition de la propriété, maîtrise absolue (1).

Suffira-t-elle à stimuler le zèle du législateur à multiplier les restrictions légales ? Et encouragera-t-elle les

(1) Ce n'est pas sans intérêt qu'on lira un article, publié dans la « Revue trimestrielle de droit civil » (IV, 1905, p. 443-495) sous

praticiens à donner une interprétation large aux atténuations légales de la propriété maîtrise ?

Il est permis d'en douter, bien que le système de l'art. 544 n'exclue nullement des lois restrictives, qui pourraient compromettre singulièrement la maîtrise absolue du propriétaire. Sur ce terrain, le formidable bouleversement de la guerre de 1914-1918 a provoqué une expérience, qui n'effaroucha point les esprits les plus conservateurs et les plus traditionalistes, bien qu'en réalité elle procédât d'une méconnaissance complète du principe de la propriété privée.

On sait que, parmi les restrictions légales à la maîtrise du propriétaire, il en est une qui va jusqu'à la suppression éventuelle de celle-ci, dans l'intérêt de la collectivité : l'expropriation pour cause d'utilité publique. Il suffit donc d'élargir ou amplifier légèrement le sens de l'expression « utilité publique », pour que le pouvoir absolu du propriétaire soit sérieusement mis en péril.

Or après la guerre, il advint que des gens, — fermement attachés d'ailleurs à l'ordre des choses établi, mais aveuglés par le ressentiment né d'une guerre odieuse, — n'hésitèrent pas à se prononcer énergiquement pour la saisie des propriétés privées ennemies en pays alliés, afin de faire contribuer celles-ci au paiement des réparations dues par la nation ennemie. Sans doute s'agit il ici d'ennemis peu dignes de ménagements ; mais il n'en demeure pas moins que l'épreuve à laquelle on les

le titre « *Définition et notion juridique de la propriété,* » dans lequel le marquis de Vareilles-Sommières défend la définition traditionnelle de la propriété, en faisant toutefois les concessions indispensables.

soumet, n'est autre chose qu'une expérience de nationalisation brutale de certaines propriétés privées.

Peut-être ceux qui préconisèrent pareille rigueur envers quelques particuliers ennemis que le hasard livrait à leur merci, seraient-ils très sincèrement indignés, si l'on s'avisait de proposer l'extension de leur expérience à la nationalisation de certaines propriétés privées amies : à la nationalisation des mines par exemple ? Les inconséquences de ce genre n'ont au surplus, rien de bien surprenant. Jean Jaurès (1) a montré naguère comment il arrive que les couches sociales, le mieux placées pour bénéficier de certaines institutions, provoquent souvent des applications, dont les conséquences imprévues se tournent contre elles et contribuent à les dépouiller ainsi de privilèges qu'elles espéraient consolider.

Conséquences extrêmes et antisociales de la propriété maîtrise absolue. — Délaissons le terrain des restrictions apportées par la loi ou par les règlements à la maîtrise absolue du propriétaire, et revenons sur le sol plus ferme de la conception fondamentale de la propriété-maîtrise.

De cette conception, le code civil n'hésite pas à déduire les conséquences extrêmes, en affirmant, par exemple, dans son article 552, que la propriété du sol emporte la propriété du dessus et du dessous. Le propriétaire du sol n'est donc pas seulement maître de la surface, mais il est aussi maître du tréfonds, — jusqu'aux enfers, comme on disait autrefois ; — en outre il est maître de l'espace aérien à l'infini en hauteur.

(1) *Études socialistes*, Paris, 1902, p. 162.

Aujourd'hui les progrès de la navigation aérienne et l'invention de la radiotélégraphie ont fait éclater l'exagération ou le caractère antisocial de la formule de l'art. 552 du code de 1804. D'aussi merveilleuses applications nouvelles du génie créateur des hommes ne peuvent évidemment rencontrer une entrave sérieuse dans un texte légal suranné. Car les faits sont toujours plus forts que la loi : celle-ci devenant surannée précisément quand elle apparaît en contradiction avec les faits actuels. Qui donc songerait sérieusement, de nos jours, à reconnaître au propriétaire de la surface le droit de s'opposer au passage des avions et des ondes herziennes dans l'espace aérien ?

Aussi constate-t-on que, dans les codes récents, la formule de l'art. 552 du code français a été singulièrement tempérée. Le code allemand de 1896 (art. 905) refuse au propriétaire le droit de s'opposer à ce qui se fait à une telle profondeur ou à une telle hauteur qu'il n'a aucun intérêt à l'empêcher. Le code civil suisse de 1907 art. 667) ne concède la propriété du dessus et du dessous, que dans la hauteur et la profondeur utiles à l'exercice de la propriété du sol.

Réaction salutaire du droit jurisprudentiel. — Dans les pays régis par le code de 1804, il y eut assurément quelques réformes législatives isolées. On peut citer notamment, à titre d'exemple, une réforme législative particulièrement hardie, accomplie en France par la loi du 8 avril 1898.

L'art 641 du code civil, appliquant la maxime de l'art 552, proclame que « celui qui a une source dans son fonds, peut en user à sa volonté ». La loi de 1898, tenant compte de l'intérêt primordial que présente pour la collectivité le régime des eaux, sacrifie singulièrement l'intérêt individuel du propriétaire du sol : désormais celui-ci n'est plus maître absolu que des sources d'un débit insignifiant ; quand aux sources plus importantes, qui forment à elles seules un cours d'eau, le propriétaire du fonds où elles jaillissent, continue à pouvoir les utiliser, pourvu qu'il n'abuse pas de son droit : il ne peut se servir des eaux qui lui appartiennent, que « dans les limites et pour les besoins de son héritage » (1).

En dehors des cas isolés d'une réforme législative, telle que celle de la loi du 8 avril 1898, l'intervention du législateur a été généralement rendue superflue par les initiatives heureuses de la jurisprudence progressive. Les tribunaux, accomplissant judicieusement leur œuvre de réajustement, ont réussi à maintenir la maîtrise du propriétaire du sol dans des limites semblables à celles que lui assignent les formules du code allemand et du code suisse. Aux yeux du juge français ou belge, le propriétaire qui excède ces limites abuse du droit consacré par l'art. 552 du code civil : les décisions judiciaires s'attachent en conséquence à prévenir et réprimer ces abus de droit.

Nous voici donc amenés sur le terrain de l'abus des droits, et ce qui nous a engagés dans cette voie, c'est le

(1) Sur la tendance des tribunaux à restreindre la portée de l'innovation législative de 1898, voir la notice de M. Lévy (Emmanuel), dans la « Revue trimestrielle de droit civil », V, 1906, p. 929-930. — A la suite de la loi du 8 avril 1898, il convient de signaler la loi du 16 octobre 1919 relative à l'utilisation de l'énergie hydraulique (Dalloz, 1921, IV, p. 81 et s.), qui interdit de disposer de l'énergie des cours d'eau, même non navigables, sans une concession de l'État.

besoin de corriger l'imperfection manifeste d'une définition de droit subjectif. La formule de la définition de la
propriété, dans l'art 544 c. c., est empreinte d'un individualisme outré, puisque la fonction sociale qui incombe
au propriétaire y est complètement masquée par les prérogatives individuelles reconnues au propriétaire. Pour
réagir contre pareilles formules légales exagérément individualistes, la jurisprudence use d'un véritable expédient ;
et ce procédé factice n'éveille en nous aucune suspicion,
parce que l'expédient du juge semble être l'application
d'une doctrine générale, la doctrine de l'abus des droits.

Ainsi la conception de l'abus des droits apparaît comme
le correctif de la conception trop individualiste des droits
subjectifs.

Signification exacte de l'abus de droit. — L'expression « abus de droit » contient en soi une contradiction ;
car du moment où il y a abus, c'est que les limites du
droit ont été franchies : quand on abuse, on sort du domaine du droit. A vrai dire, il est donc impossible qu'il
y ait abus de droit (1).

Mais si un droit est imparfaitement défini, il se conçoit qu'il soit fait de ce droit mal défini, un usage abusif,
qui sorte en réalité des limites du droit, tout en parais-
sant rester dans les limites de la définition imparfaite de
ce droit. C'est là ce qu'on appelle très justement, en
vérité, un abus de droit.

Pour préciser l'imperfection du langage légal, à laquelle on entend apporter un correctif par l'application

---

(1) PLANIOL, *Droit civil*, 8e édit., II, 1921, n° 871.

de la doctrine de l'abus des droits, rappelons la constatation à laquelle nous a conduit la définition traditionnelle de la propriété.

Les formules individualistes, qui servent à définir des droits subjectifs, offrent toutes le même danger à des degrés différents : il est toujours à craindre que le législateur, — en dégageant de la complexité infinie des rapports sociaux, des prérogatives individuelles, définies sous le nom de droits subjectifs, — n'ait point la perspicacité de prévoir toutes les réactions possibles du milieu social sur les actions individuelles ; il est toujours à craindre, en d'autres termes, qu'une définition légale trop rigide et trop figée d'un droit subjectif ne permit pas de tenir compte d'exigences inaperçues ou nouvelles du milieu social.

C'est ce vice des formules législatives trop individualistes, qui sera corrigé, en tenant pour abusif tout exercice anti-social d'un droit subjectif.

Les antécédents de la doctrine de l'abus des droits. — Les penseurs et les moralistes ont pressenti depuis longtemps la théorie de l'abus des droits. On attribue à Confucius cette sentence, « sois humain avant d'être juste », reprise par Vauvenargues en ces termes, « on ne peut être juste si on n'est humain ». D'autre part Voltaire a écrit :

« Qui n'est que juste est dur, qui n'est que sage est triste ».

Et M. Brieux répète: « il ne suffit pas d'être juste, il faut aussi être bon ».

La vérité nous oblige à reconnaître qu'il est un pays

'Europe, la Grande-Bretagne, où cet appel ne semble guère avoir eu d'écho. L'individualisme anglo-saxon envisage les droits subjectifs comme un ensemble de prérogatives, qui constitue pour chacun une sphère d'activité impénétrable aux activités étrangères. Dans les limites de ces droits subjectifs, l'activité de chacun reste légitime, quel que soit le motif qui l'inspire et quel que soit le tort qu'elle cause à autrui, car semblable dommage est le tribut inévitable de la libre concurrence.

Évidemment ce point de vue barre la route à la doctrine de l'abus des droits, et pourtant depuis quelques années, une très timide réaction de la pratique judiciaire fait espérer qu'un jour viendra peut-être, où les jurisconsultes anglo-saxons ne rejetteront plus systématiquement toute suggestion de la doctrine de l'abus des droits (1).

Sur le continent européen, l'épanouissement de la doctrine de l'abus des droits ne rencontra pas les mêmes obstacles que dans les îles britanniques. Parmi les civilistes français, cette doctrine ne compta guère qu'un adversaire notoire, A. Esmein, dans une notice du Recueil général de Sirey, 1898, 1, p. 21.

La notion juridique de l'abus des droits est consacrée

----

(1) Sur l'attitude des jurisconsultes anglo-saxons en regard de la doctrine de l'abus des droits, consulter : PERROCHET (André), *Essai sur la théorie de l'abus du droit*, Lausanne, 1920, p. 182-185 et les références ; FOUILLARD (Jean), *Allen v. Flood*, Bibliothèque de l'Institut de droit comparé de Lyon, 1922, *passim* et spécialement p. 48 et s., 68 et s., et 84 et s., HOFFHERR (René). *Le boycottage devant les cours anglaises*. Même collection, 1923, *passim*, et spécialement p. 103 ; LAMBERT (Edouard) et BROWN (Halfred C.), *La lutte judiciaire du capital et du travail organisés aux Etats-Unis*. Même collection, 1924.

par les législations civiles récentes, telles que le code allemand de 1896 et le code civil suisse de 1907. Les formules légales, destinées à exprimer la théorie de l'abus des droits, sont nouvelles ; mais le principe même, qui réprouve tout exercice anti-social d'un droit individuel imparfaitement défini par la loi, est aussi ancien que la loi écrite. On en trouve des traces nombreuses dans les sources du droit romain. Bien plus, il semble que le jurisconsulte Gaius formulait déjà une théorie générale de l'abus des droits, quand, pour justifier l'interdiction des prodigues et la défense aux maîtres de maltraiter leurs esclaves, il proclamait que nous ne devons point mésuser de notre droit : *male enim nostro iure uti non debemus.* (GAI, *Instit.*, 1, 53).

Plus près de nous, on constate que l'introduction de la doctrine de l'abus des droits dans la législation a été préparée par le droit jurisprudentiel.

La doctrine de l'abus des droits dans la jurisprudence française. — Le code français de 1804 ne contient encore aucune allusion directe à la doctrine de l'abus des droits ; néanmoins la jurisprudence française n'a pas reculé devant l'application de cette doctrine, et elle a même réussi à lui donner une formul très heureuse, en proclamant en maintes circonstances que l'acte d'exercice d'un droit individuel cesse d'être permis, quand il est en opposition avec la morale sociale, spécialement quand il est inutile pour l'ayant droit et dommageable pour autrui (1).

(1) Consulter, par exemple, les décisions judiciaires rapportées dans Dalloz, Jurisprudence générale, 1913, II, p. 177, avec la no-

La définition légale de l'abus de droit, dans le code allemand et dans le code suisse, se rapproche fort de la définition jurisprudentielle française. Selon le code allemand, l'ayant-droit, qui se confine dans les limites de son droit subjectif, commet cependant un abus de droit, soit lorsque son attitude ne peut avoir d'autre but que de causer dommage à autrui (art. 226), soit lorsque son attitude est déloyale parce qu'elle porte atteinte aux bonnes mœurs (art. 826). Dans le code suisse, la formule est plus générale encore : l'ayant droit exerce abusivement son droit subjectif, quand son attitude heurte la bonne foi (art. 2).

Nous donnerons ici à la notion de l'abus des droits la signification la plus large, sans tenir compte d'une distinction, introduite par la technique juridique, entre la théorie de l'abus des droits et la théorie du risque. On dit couramment que l'acte d'exercice d'un droit, pour être abusif, doit être inspiré par une intention malveillante ou malicieuse ; que si, à défaut de ce facteur psychologique, l'acte d'exercice d'un droit est préjudiciable à autrui, il se peut qu'il y ait là un risque, à cou-

tice de M. Louis JOSSERAND. — La doctrine de l'abus des droits a déjà fourni une littérature abondante, qu'on reconstituera sans peine, en consultant, avec leurs références, les publications suivantes : JOSSERAND (Louis), *De l'abus des droits*, Paris, 1905 ; SALEILLES (Rodolphe), *De l'abus de droit*, dans le Bulletin de la Société d'études législatives, IV, 1905. p. 325-350 ; PERROCHET (André), *Essai sur la théorie de l'abus du droit*, Lausanne, 1920. *Adde* : Une notice de M. Maurice HAURIOU sur la théorie de l'abus de droit et ses rapports avec la jurisprudence administrative sur le détournement de pouvoir ; dans le Recueil général de Sirey, 1905, III, p. 19-21, sous un arrêt du conseil d'État du 27 février 1903.

vrir par celui qui l'a provoqué. On ajoute que la théorie de l'abus des droits oblige à mettre fin à l'acte malveillant et à réparer le dommage causé, tandis que la théorie du risque oblige seulement à réparer le dommage causé, sans enrayer autrement l'exercice du droit nuisible à autrui (1).

Il y aurait peut-être des réserves à faire sur cette portée différente du risque et de l'abus des droits. Mais il nous semble en tout cas qu'un aperçu sommaire ne peut que gagner à omettre une distinction si purement technique. Mieux vaut, à notre sens, s'en tenir aux vues générales que nous avons indiquées précédemment : pour que le droit remplisse sa fonction d'harmonie, il convient que les prérogatives individuelles qu'il confère ne rompent jamais l'équilibre des intérêts ; en conséquence, dès qu'un acte d'exercice d'un droit subjectif produit pareille rupture d'équilibre, cet acte est anti-social et partant abusif, même en l'absence de toute intention malicieuse ou malveillante de son auteur.

Ainsi la théorie de l'abus des droits apparaît comme un tempérament général à la rigueur du droit formulé : elle autorise les entraves à la mise en œuvre d'un droit subjectif, lorsque les conséquences nocives de celle-ci lui impriment un caractère anti-social, et sans qu'il soit indispensable pour cela que l'activité individuelle enrayée s'inspire d'intentions malveillantes. Remarquons d'ailleurs que M. Louis Josserand lui-même, partisan déterminé de la distinction tranchée entre la théorie du risque et la théorie de l'abus des droits, semble entrer dans la voie

____

(1) Josserand, *De l'abus des droits*, p. 4-6.

des concessions, quand il écrit, en 1913 : « l'intention nocive n'est que la forme la plus pratique, non la forme exclusive, que revêt l'exercice abusif des droits (1) ».

Abus du droit de propriété. — L'exercice du droit de propriété individuelle fournit, — nous l'avons vu, — le terrain le plus propice à l'application de la théorie de l'abus de droit.

En s'inspirant de cette idée saine et féconde, « qu'un droit, règle sociale, ne doit jamais être exercé anti-socialement, qu'il ne saurait en aucun cas aller contre sa finalité, pas plus qu'un cours d'eau ne pourrait refluer vers sa source (2) », les tribunaux proclament que le propriétaire abuse de son droit, toutes les fois qu'il accomplit un acte inutile pour lui et nuisible à autrui : par exemple, quand il élève une construction inutile (fausse cheminée), à seule fin de masquer la vue du voisin (3), ou bien quand il fait pratiquer des fouilles à seule fin de tarir la source qui jaillissait sur le fonds contigu (4).

Semblablement le propriétaire abuse de son droit quand, par esprit de spéculation et pour inciter un voisin à acquérir sa terre, il installe chez lui un dispositif tout à fait inutile, qui nuit à l'exploitation d'un hangar pour dirigeables établi dans l'immeuble contigu (5).

(1) Notice dans Dalloz, 1913, II, p. 179.
(2) Josserand, dans Dalloz, 1906, II, p. 105.
(3) Cour de Colmar, 2 mai 1855 ; Dalloz, 1856, II, p. 9.
(4) Cour de Lyon, 18 avril 1856 ; Dalloz, 1856, II, p. 199 ; Cassation, 10 juin 1902 ; Dalloz, 1902, I, p. 454.
(5) Tribunal civil de Compiègne, 19 février 1913 ; Dalloz, 1913, II, p. 177 et s., avec la note de M. Josserand ; Cassation, 3 août

Bien plus, le propriétaire qui, à Paris, faisant un usage normal de son droit, construit sur son terrain un immeuble à six étages, en observant les règles de l'art, doit une indemnité au voisin, dont la maison de deux étages se lézarde par l'effet de la construction nouvelle (1).

Ce dernier exemple fait apparaître la grande affinité qu'il y a entre l'abus du droit de propriété et l'abus de droit qui altère les relations de voisinage, encore que la qualité de voisin n'implique pas nécessairement celle de propriétaire.

Abus de droits entre voisins. — Pour assurer le maintien de l'harmonie entre voisins, la cour de cassation, après quelqu'hésitation, s'est arrêtée à la règle tout à fait générale, formulée en ces termes : l'abus ne commence que quand l'attitude d'un voisin incommode ses voisins, *à un degré qui excède la mesure des obligations ordinaires de voisinage* (2).

La formule très large et très simple de la cour de cassation abandonne en réalité à l'appréciation du juge la question de fait des usages entre voisins. Et l'on ne peut

1915 ; DALLOZ, 1917, I, p. 79 et le renvoi ; Sirey, 1920, I, p. 300 et le renvoi.

(1) Tribunal civil de la Seine 25 avril 1913 ; *Gazette des Tribunaux*, 1913, 2ᵉ semestre, 211.

(2) Cette formule remonte à un arrêt de la cour de cassation du 27 novembre 1844 ; Sirey, 1844, I, p. 211 ; DALLOZ, 1845, I, p. 13 ; à rapprocher de : cassation 11 juillet 1826 ; Sirey, 1826, I, p. 388 et le renvoi. — Sur la délicate question de fait de la mesure normale des inconvénients de voisinage, consulter : APPERT (Georges), dans la « Revue trimestrielle de droit civil », V, 1906, p. 71-84.

se dissimuler que cette appréciation ne soit très délicate pour le juge ; car ce qui excède les obligations ordinaires de voisinage ici, ne les excède peut-être pas là, et ce qui les excédait hier, ne les excède peut-être plus aujourd'hui.

Voici quelques décisions judiciaires, desquelles il appert que les tribunaux savent user judicieusement de leur pouvoir d'appréciation, et se garder de formules figées et invariables, sans égard aux considérations de temps et de lieu.

Celui qui, sans nécessité aucune et malgré des réclamations réitérées, maintient en stationnement devant une maison, pendant une durée prolongée, des voitures de fumier, prive son voisin de la faculté d'accès de son habitation et lui impose des désagréments, dont il lui doit réparation (1). Par contre les voisins d'une hôtellerie de petite ville doivent supporter la gêne que leur causent les voitures, même nombreuses, dételées par les clients de l'aubergiste aux abords de chez lui à chaque jour de marché (2). Semblablement, l'établissement d'une marquise devant les boutiques est, depuis quelques années déjà, d'un usage assez général pour que les voisins de la maison où elle est installée puissent être tenus de la tolérer comme un des inconvénients habituels du voisinage (3).

L'exploitation d'une maison de tolérance cause aux voisins un préjudice qui doit être réparé, parce que, dans ce cas, la mesure dans laquelle les inconvénients

(1) Cassation 1er mai 1912 : *Gazette du Palais*, 1912, II, p. 274.
(2) Cassation 22 novembre 1864 ; DALLOZ, 1865, I, p. 292.
(3) Cour de Douai 8 décembre 1897 ; *Jurisprudence de la Cour de Douai*, 1898, p. 59.

du voisinage doivent être supportés, est dépassée (1). Celui aussi, qui installe dans son immeuble des salles de concert et des salles d'études pour piano, cause aux voisins une gêne intolérable et engage sa responsabilité (2).

Un boulanger, qui construit un four dans son sous-sol et rend ainsi la cave du voisin impropre à la conservation du vin, engage sa responsabilité (3). De même est responsable, celui dont les machines, installées pour extraire l'huile, ébranlent la maison voisine (4). Le bruit et la fumée provenant d'une usine peuvent aussi excéder la mesure des incommodités ordinaires de voisinage, par exemple, s'ils font déserter une maison de santé voisine, par des malades qui étaient venu y chercher le repos et le calme (5).

Abus de droits dans l'exercice de métiers et d'industries. — On peut rapprocher de ces dernières décisions judiciaires, celles qui tiennent les compagnies de chemin de fer pour responsables des incendies provoqués par les étincelles échappées d'une locomotive, quand bien même la science serait impuissante à prévenir pareil accident (6).

(1) Cour de Besançon 3 août 1859 ; Sirey, 1860, II, p. 255 et le renvoi ; Cour de Montpellier 18 février 1898 ; Sirey, 1898, II, p 160 et le renvoi.

(2) Tribunal de la Seine 18 juin 1908 ; *Gazette des Tribunaux*, du 24-26 août 1908.

(3) Cour de Metz 16 août 1820 ; *Journal du Palais*, XVI, 1820-1821, p. 125.

(4) Cour de Douai 10 janvier 1843 ; DALLOZ, Répertoire alphabétique, v° *Industrie*, n° 212.

(5) Cour d'Amiens 18 juillet 1845 : Sirey, 1845, II, p. 475.

(6) « Revue trimestrielle de droit civil », V, 1906, p. 81, notes 1 et 2.

Et l'on voit dans toutes ces décisions particulières des contributions à la solution d'un très grave problème : la conciliation de l'intérêt général de l'industrie avec l'intérêt individuel des particuliers.

Ce problème n'est pas nouveau ; mais le développement formidable de l'industrie le pose aujourd'hui de façon de plus en plus angoissante. Il y a beau temps que les tribunaux se préoccupent d'empêcher que l'exercice d'une profession gênante puisse incommoder les voisins. On a remarqué malicieusement que les plus anciens arrêts de Parlements, rendus en cette matière, s'attachaient surtout à protéger le travail des gens de robe contre le trouble résultant du voisinage d'artisans gênants, tels que bouchers, cardeurs de laine, serruriers, couteliers, etc (1)... Mais s'il est vrai que les juges ont obéi d'abord aux impulsions d'un intérêt de caste, ils n'ont pas persévéré dans cette voie égoïste ; ils ont réussi bientôt à tenir compte des intérêts respectables des artisans, et aujourd'hui il serait injuste de dire qu'ils ignorent les légitimes exigences de l'industrie.

En ceci l'évolution s'est, comme d'usage, accomplie lentement. Et il serait puéril de nier l'influence du facteur individuel ou personnel, qui entrave inévitablement toute évolution du droit jurisprudentiel. Car pour apprécier les faits qui leur sont soumis, les juges doivent se mettre dans le milieu et la mentalité des plaideurs ; et qui oserait s'affirmer capable de s'abstraire totalement de ses propres habitudes de vivre et de penser ? Quoi d'étonnant à ce que les tribunaux aient souci avant tout de ne pas troubler

(1) APPERT, dans la « Revue trimestrielle de droit civil », V, 1906, p. 73, note 3, 84 note 2.

les habitudes des gens de robe ? D'autre part pourtant, le développement des arts et métiers fait sentir davantage aux juges, qu'eux-mêmes souffriraient d'entraves excessives imposées à l'activité des atisans et industriels ; et ainsi l'intérêt personnel et égoïste du juge le poussera à ne pas méconnaître les justes exigences de l'industrie.

Faut-il ajouter que le juge est souvent aussi, de nos jours, directement intéressé à la prospérité de l'industrie, — sur laquelle il compte par exemple pour faire fructifier ses économies, — et que par là il est rendu plus favorable aux prétentions de l'industrie ? Peut-être. Mais cette constatation n'entraîne en tout cas aucun reproche à l'adresse du juge ; car si l'industrie draîne les économies de la plupart des particuliers, ce phénomène rend témoignage de la puissance grandissante de l'industrie : il est attesté par là, de façon tout à fait éclatante, que l'industrie représente un intérêt de plus en plus général, qui mérite par conséquent de plus en plus d'égards.

Rappelons, — à propos de l'influence du facteur intérêt personnel dans l'accomplissement impartial de la fonction du juge, — cette très judicieuse observation de Dicey (1) : « L'intérêt d'un homme déforme son jugement plus souvent qu'il ne corrompt son cœur ». Déduisons de là qu'il faut souhaiter que le juge se mêle à la masse et que son intérêt se confonde ainsi avec l'intérêt général ; car ceci sera toujours le moyen le plus sûr de faire coïncider les fluctuations de son jugement avec les fluctuations de l'intérêt général, qui se reflètent dans les mouvements de l'opinion publique.

(1) *Leçons sur les rapports entre le droit et l'opinion publique*, p. 13.

L'abus des droits et la notion de la faute aquilienne. — Dans les décisions judiciaires qui s'efforcent de réprimer ou de prévenir les conflits d'intérêt entre voisins, on remarque un élargissement considérable de la conception du tort causé injustement à autrui.

Selon la doctrine traditionnelle, formulée par l'article 1382 du code français, un fait de l'homme n'est illicite et n'engage la responsabilité de son auteur, que si celui-ci a, par sa faute, dépassé les limites de son droit. On prête à tout droit subjectif des contours parfaitement nets, à l'intérieur desquels tout est permis sans aucun risque de responsabilité.

Mais la doctrine de l'abus des droits altère la netteté de contour des droits subjectifs et élargit par conséquent la notion de la faute aquilienne, c'est-à-dire de la faute requise pour imprimer le caractère illicite au fait dommageable accompli en dehors de toute relation contractuelle. Désormais la faute qui engage la responsabilité n'implique plus nécessairement que les limites d'un droit subjectif aient été franchies : il se peut qu'un acte d'exercice de notre droit soit cependant illicite et générateur de responsabilité ; il suffit pour cela que l'acte incriminé, sans profit aucun pour son auteur ou pour la collectivité, ait, soit intentionnellement soit par négligence, causé dommage à autrui ; car « tout acte purement dommageable est un acte anti-social, donc un acte illicite » (1).

Cette extension de la conception de la faute aquilienne est parfaitement légitime, et l'on en relève une trace ancienne dans la répression des abus du droit d'ester en justice : le plaideur qui, agissant méchamment ou

(1) Josserand, dans Dalloz, 1913, II, p. 179.

commettant tout au moins une faute grossière, fait un procès téméraire ou vexatoire, accomplit un acte illicite, qui engage sa responsabilité (1) ; et il en sera ainsi, même si le plaideur téméraire obtient certaines indemnités, sur une demande qu'il avait ridiculement exagérée dans un but inavouable (2) ; semblablement aussi un créancier engagera sa responsabilité en saisissant un mobilier incontestablement très supérieur à sa créance (3).

La jurisprudence s'est engagée très délibérément dans la voie qui élargit la notion de la faute aquilienne. Voici à cet égard une décision très caractéristique, qui réprouve un exercice abusif de la liberté de contracter avec qui nous plaît : Commet un abus de droit, le patron qui refuse systématiquement d'embaucher des ouvriers ou des artistes, pour le motif avoué qu'ils font partie d'un syndicat professionnel, c'est-à-dire d'une institution légale dont la formation et l'existence même se trouveraient gravement menacées par une semblable attitude : en conséquence le syndicat contre lequel est dirigée cette mise à l'index est fondé à réclamer au patron la réparation du préjudice qu'il lui a causé abusivement (4).

(1) Cassation, 12 mars 1894. 3 juillet 1895 : DALLOZ, 1895, 1, p. 255, 511 et les notes ; Cass. 16 janvier 1899 ; DALLOZ, 1899, I, p. 135 et la note ; Cass. 10 juillet 1911 ; SIREY, 1911, 1, p. 471 et les renvois.

(2) Cassation, 21 octobre 1913 : *Gazette du Palais*, 1913, II, p. 446.

(3) Cour de Paris, 26 juillet 1919 ; DALLOZ, 1920, II, p. 104 et le renvoi.

(4) Tribunal de commerce d'Epernay, 28 février 1906 ; tribunal civil de Lille 12 novembre 1906 ; DALLOZ, 1908, II, p. 73 et la notice de M. JOSSERAND. — A rapprocher de Cassation, 9 mars 1915 ;

On peut imaginer aussi que la conclusion d'un contrat ait été provoquée par un véritable abus de droit. En pareil cas, le caractère illicite de l'acte, qui a provoqué la conclusion du contrat, pourra être invoqué pour demander l'annulation du contrat : par exemple, celui qui, surpris en flagrant délit, contracte sous l'empire de la crainte inspirée par une menace de délation, est fondé à poursuivre l'annulation du contrat, qui lui a été arraché par cet abus du droit de délation que nous qualifions de chantage. Cette solution, déjà consacrée par le droit romain (*Digeste*, 4, 2, 7 § 1), se retrouve en termes exprès dans certains codes modernes (code suisse des obligations de 1911, art. 30, al. 2), et l'on peut comparer, dans la jurisprudence française, l'arrêt de la cour de cassation du 18 février 1879 (Dalloz, 1879, 1, p. 445 ; Sirey, 1880, 1, p. 62 et le renvoi).

L'abus des droits dans le contrat de travail et le louage de choses. — Les abus de droits, qui se produisent dans l'exécution des contrats, ont un caractère particulièrement délicat. Si l'on choisit, par exemple, le contrat de travail, on constate sans peine que, dans l'exécution de ce contrat, un exercice abusif des droits contractuels des parties est fréquemment possible.

Dans le contrat de travail conclu sans détermination de durée, la jurisprudence admettait, sous l'empire du

DALLOZ, 1916, 1, p. 25 et la notice de M. PLANIOL, et surtout Cassation, 24 octobre 1916, DALLOZ, 1916, 1, p. 247 et le renvoi ; SIREY, 1920, 1, p. 17 et la notice de M. Julien BONNECASE. Consulter aussi RAYNAUD (Berthélemy) *Le contrat collectif de travail*, éd. de 1922, p. 223.

code civil, que chacune des parties pouvait à tout moment mettre fin au contrat, en donnant congé à l'autre dans le délai fixé par l'usage des lieux. Ce droit de congé réciproque, tempéré par l'observation d'un délai de prévenance, dérive en principe de l'absence de fixation de durée au contrat. Ce système, adopté de longue date par la jurisprudence française (1) a été consacré expressément par le code civil allemand (art. 620-623) et par le code suisse des obligations de 1911 (art. 347 et s.).

Cependant le respect du délai de prévenance ne prémunit pas les contractants du reproche d'avoir abusé de leur droit de résiliation, et c'est sur ce terrain qu'on rencontre en France, la première consécration législative de la théorie de l'abus de droit : la loi du 27 décembre 1890 (révisant l'art. 1780 c. c.), après avoir proclamé le droit réciproque des contractants de résilier le louage de services fait sans détermination de durée, ajoute que « néanmoins la résiliation du contrat par la volonté d'un seul des contractants peut donner lieu à dommages et intérêts ». Ceci revient à dire que le droit réciproque de résiliation est susceptible d'un exercice abusif et qu'en conséquence les tribunaux pourront allouer une indemnité au contractant victime d'une résiliation injustifiée (2).

(1) Voir mon *Louage de services ou contrat de travail*, p. 33, notes 1 et 3.

(2) Cassation, 18 juillet et 1ᵉʳ août 1916 ; DALLOZ, 1916, 1, p. 286 et le renvoi, auquel on ajoutera la note de M. APPERT (Georges), dans SIREY, 1899, 1, p. 33. *Adde :* Cassation 20 juillet et 22 décembre 1920 ; DALLOZ, 1921, 1, p. 35 et le renvoi ; Tribunal de commerce de la Seine 5 mai 1920 ; DALLOZ, 1921, II, p. 89 et le renvoi. — Consulter aussi : DUFFAU-LAGAROSSE (L), *Le droit aux dommages-intérêts dans le louage de services à durée indé-*

Il va sans dire qu'il en est de même en Allemagne et en Suisse ; mais ici aucune loi spéciale ne vise cette hypothèse particulière, par la raison que l'application de la théorie de l'abus des droits est prescrite par une disposition légale générale.

Ce n'est pas seulement dans l'exercice de leur droit individuel de résiliation, que le patron et l'ouvrier peuvent commettre des abus engageant leur responsabilité ; c'est aussi dans l'exercice de leur droit de coalition, qui leur permet de suspendre collectivement l'exécution de contrats de travail : on peut concevoir ici l'abus de lockout et l'abus de grève. Ceci se rattache à la question si actuelle et si grave de savoir dans quelle mesure la contrainte syndicale est licite. En dépit de quelqu'hésitation et d'un certain flottement de la jurisprudence, il semble que (plus peut-être en Angleterre qu'aux États-Unis et en France) il se marque actuellement une tendance à l'abstention judiciaire dans les conflits du travail. Les fluctuations de la jurisprudence s'expliquent non seulement par la mentalité de juges incomplètement libérés de l'empreinte manchestérienne, mais surtout par la raison que la doctrine abstentionniste, qui abandonne la réglementation des conflits du travail à l'activité des syndicats, ne saurait pourtant aller jusqu'à dépouiller le juge de tout contrôle de la contrainte syndicale. Le dogme de l'abstentionnisme judiciaire ou de l'autonomie

terminée d'après la loi du 27 décembre 1890, dans la « Revue critique de législation et de jurisprudence », 1899, p. 479-510. — Sur l'appréciation des circonstances qui justifient la résiliation, consulter : Cassation, 8 mars 1922; Sirey, 1922, I, p. 356 et le renvoi.

des syndicats dans la réglementation des conflits du travail, n'exclut pas la possibilité d'un exercice abusif de la contrainte syndicale. Et sur ce dernier point, comment empêcher que ce soit le juge qui ait le dernier mot ? La jurisprudence française, pour ce qui est de l'exercice du droit de grève, a proposé naguère une distinction entre la grève qui poursuit une fin professionnelle et la grève qui s'inspire du désir de nuire à autrui : la première est licite ; la seconde constitue un abus (1).

Cette distinction qui, en 1892 soulevait déjà de judicieuses objections formulées par Raoul Jay, ne paraît plus aujourd'hui en harmonie avec le développement du droit syndical ni même avec la conception actuelle de l'abus de droit, car les fins nuisibles de l'acte d'exercice d'un droit ne rendent cet acte abusif que si elles en sont le mobile unique et exclusif. Quelle que soit cependant l'ampleur à donner au droit syndical, il reste manifeste, à mon sens, que l'organisation du travail, tant par arrangements collectifs que par contrats individuels, n'échappera jamais à la possibilité d'abus à réprimer ou à prévenir par la voie judiciaire. Les formules du statut légal des syndicats, pas plus que les définitions de droits subjectifs n'échappent

(1) Cassation, 22 juin 1892, SIREY, 1893, I, p. 41-48, avec une notice improbative de Raoul JAY ; Cour de Lyon, 2 mars 1894, DALLOZ, 1894, II, p. 305, avec une notice approbative de M. Marcel PLANIOL ; Cassation, 9 juin 1896, SIREY, 1897, I, p. 25-29, avec les conclusions de M. l'avocat général DESJARDINS et la notice de Z... ; Cassation, 29 juin 1897, SIREY, 1898, I, p. 17-29 avec la notice de A. ESMEIN, spécialement à la p. 21. — Consulter aussi : PIC (Paul), *Traité de la législation industrielle*, 5e édition, 1922. *Adde* : les autorités citées, *supra*, p. 120, note 4.

au besoin d'assouplissement par l'application de la théorie
de l'abus des droits (1).

Assurément la conception de l'abus se transformera
elle même à la suite de la lente évolution qui se produit
irrésistiblement dans l'opinion publique. Nos magistrats,
quelque traditionaliste que soit leur tempérament, se
surprennent souvent aujourd'hui à hésiter dans leurs
préférences entre l'intérêt individuel et l'intérêt professionnel : il ne convient plus à personne que ce dernier
soit toujours sacrifié au nom de la liberté individuelle.
Dans notre vie économique, les avantages tangibles de
l'activité associationniste nous font envisager d'un œil
moins sévère les pratiques destinées à nous imposer une
discipline professionnelle : les événements nous forcent à
reconnaître que « le moment est proche où il ne sera pas
plus possible de se soustraire aux devoirs de la solidarité
professionnelle qu'à ceux de la solidarité nationale » (2).

Ne croyons donc pas que la répression des abus
de la contrainte syndicale se présentera toujours sous
l'aspect d'une réaction des droits individuels contre le droit
collectif, ou en d'autres termes de la libre concurrence
contre la discipline syndicale ; car il arrive que le droit
syndical s'oppose à d'autres droits collectifs, par exemple

----

(1) Consulter, dans la Bibliothèque de l'Institut de droit comparé de Lyon, la série des décisions régulatrices de la politique du
travail et du commerce des juges anglais : I, FOUILLAND (Jean),
Allen v. Flood ; II, HOFFHERR (René), *Le boycottage devant les cours
anglaises, 1901-1923.* Lire, dans la même collection : LAMBERT
(Edouard) et BROWN (Halfred C.), *La lutte judiciaire du capital et du
travail organisés aux États-Unis,* 1924.

(2) PIC (Paul), *Traité de la législation industrielle,* édition de
1922, p. 228.

au droit des consommateurs ou du public en général. Entre ces deux catégories de droits collectifs, les tribunaux auront à tenir la balance égale, en qualifiant d'abusif un exercice du droit syndical qui compromettrait l'intérêt du public ou des consommateurs. C'est ce que fit — pour ne citer qu'un seul exemple récent — un arrêt du 15 octobre 1918 d'une Haute Cour de Justice anglaise, dans le cas célèbre de *Pratt v. British Medical Association*, résumé et commenté par M. René Hoffherr, *Le boycottage devant les cours anglaises 1901-1923*, p. 92-94 et 117-118.

L'exécution du bail à loyer fournira aussi de fréquentes occasions d'appliquer la doctrine de l'abus des droits contractuels. Qui hésiterait à dire, par exemple, avec M. Virgile Rossel (1), que le locataire d'un appartement abuse de son droit quand, par son mauvais caractère, ses procédés tracassiers, ses propos outrageants ou sa saleté, il rend la vie très-désagréable ou très-pénible à des colocataires? Et pareil abus de droit n'autorise-t-il pas une demande de résiliation avec dommages et intérêts?

L'abus des droits et le principe de la force obligatoire des contrats. — La doctrine de l'abus des droits, appliquée aux droits contractuels, touche à la grave question de la force obligatoire des contrats.

On sait que l'article 1134 du code civil proclame que le contrat est la loi des contractants. Or nous avons constaté que les tribunaux ne se refusent pas à voir un abus de

(1) *Manuel du droit fédéral des obligations*, I, 1920, p. 341.

droit dans le fait de s'en tenir textuellement à la lettre de
la loi, à l'encontre de toute morale sociale. Pourquoi ne
pousseraient-ils pas l'assimilation du contrat à la loi,
jusqu'à proclamer éventuellement illicite aussi le fait d'un
contractant de s'entêter dans l'exécution de la lettre de
son contrat, à l'encontre de toute morale sociale ?

Il va sans dire que les tribunaux ne peuvent s'engager
sur ce terrain qu'avec la plus extrême prudence ; car il
serait désastreux d'ébranler la foi en la parole donnée.
Mais il serait pourtant naïf de contester que cette voie
soit actuellement ouverte à la jurisprudence.

Voici un exemple tout récent et assez suggestif, fourni
par un jugement du tribunal civil de la Seine, du 17 janvier 1923 (1) : quand les loyers sont portables au domi-
cile du bailleur, celui-ci fait un usage abusif de son
droit, si, après avoir refusé sans raison sérieuse un
mandat-carte envoyé par le locataire, il fait commande-
ment à ce dernier de payer.

Veut-on s'éclairer davantage ? Que l'on consulte par
exemple : Gaston Morin, *La révolte des faits contre le
code*, 4ᵉ éd., 1920, p. 121-144, et aussi la pénétrante
étude de M. René Demogue, dans la Revue trimestrielle
de droit civil, VI, 1907, p. 245-310. On trouvera ici un
relevé méthodique et suggestif des cas où le législateur
et même le juge n'hésitent pas à modifier un contrat,
malgré l'un des intéressés, eu égard à une situation nouvelle tenant tantôt à l'un des contractants tantôt à des
circonstances extérieures aux contractants. Les faits
positifs, observés et recueillis impartialement par l'auteur,

(1) *La Gazette* DALLOZ du 10 mars 1923, p. 40.

lui suggèrent la très juste conclusion suivante : « La vision de théories d'une belle logique ne doit pas nous cacher la nécessité pour celles-ci de se plier aux aspects changeants de la vie, et en particulier pour le droit contractuel, de ne pas agir sur les énergies bonnes comme un poids qui les écrase, mais comme un tuteur qui les maintient tout en leur laissant leur essor ».

Remarquons aussi que l'article 2 du code suisse de 1907, — sur la base duquel les tribunaux suisses appliquent la doctrine de l'abus des droits, — semble bien viser, dans sa généralité, les droits d'obligations, c'est à dire des droits qui sont bien souvent contractuels : « Chacun est tenu d'exercer ses droits et *d'exécuter ses obligations* selon les règles de la bonne foi. — L'abus manifeste d'un droit n'est pas protégé par la loi ».

M. Virgile Rossel (1), précisant la portée de cette disposition appliquée à l'exercice des droits contractuels, remarque très judicieusement qu'il ne peut être question de reconnaître à un contractant le droit de se départir du contrat, lorsque la situation sous l'empire de laquelle ce contrat avait été conclu s'était plus ou moins profondément modifiée ; car ce système conduirait à l'insécurité des transactions. Ainsi la cour de cassation de France a proclamé, dans un arrêt du 4 août 1915 (2), que la guerre ne suffit pas à dégager le contractant pour lequel elle a rendu l'exécution du contrat plus onéreuse ou plus difficile, sans la rendre impossible.

(1) *Manuel du droit fédéral des obligations*, I, 1920, p. 455, n° 690.
(2) Sirey, 1916, I, p. 17, et la notice de M. Albert Wahl.

Pourtant, le point de vue adopté par la cour de cassation ne doit pas être maintenu avec une intransigeance aveugle. Quelques mois après l'arrêt de la cour de cassation, le Conseil d'Etat a eu l'occasion de préciser, dans une espèce devenue célèbre, l'interprétation raisonnable qu'il convient de donner au principe proclamé par la cour de cassation. L'arrêt du Conseil d'Etat du 30 mars 1916 tranche un conflit, que les bouleversements dûs à la guerre avaient fait surgir entre la compagnie générale d'éclairage de Bordeaux et la ville de Bordeaux (1). M. Maurice Hauriou résume l'objet et la solution du différend, dans les termes suivants : « Un concessionnaire d'éclairage au gaz est lié à une ville par un traité formel ; ce contrat prévoit des variations dans le prix des charbons, matière première de la fabrication, et admet des variations proportionnelles dans le prix du mètre cube de gaz ; cependant, il fixe un prix maximum, que le prix du gaz ne pourra dépasser en aucun cas. Survient la guerre, qui entraîne la hausse énorme que l'on sait sur les charbons ; la compagnie du gaz déclare qu'elle ne peut plus assurer le service ; elle demande que la ville vienne à son secours ; le Conseil d'Etat lui donne en principe raison ; non seulement il ne la condamne pas à continuer la fourniture du gaz au prix maximum du contrat, mais il n'admet même pas que le contrat puisse être résilié ; la ville sera obligée de supporter la compagnie, laquelle continuera d'assurer le service, et la ville devra une indemnité compensatrice de la hausse des charbons, dans

(1) SIREY, 1916, III, p. 17-28 avec une notice de M. Maurice Hauriou.

une mesure à déterminer, à moins que les parties ne
préfèrent passer, pour la durée de la guerre, une nouvelle
convention, qui contiendra un relèvement du prix des
abonnements à la charge des consommateurs ».

M. Maurice Hauriou, approuvant cette décision, loue
le Conseil d'Etat d'être « une juridiction *sociale*, c'est à
dire d'orienter sa jurisprudence vers une justice élargie,
toute pénétrée d'intérêt public ». Il ajoute cependant
que, dans le traitement de la responsabilité des risques,
la vie administrative se montre peut-être moins intransigeante que la vie civile.

A mon sens, cette dernière réserve, formulée d'ailleurs
par M. Hauriou avec une extrême prudence, ne se justifie
pas. En matière administrative comme en matière civile.
il faut prendre pour point de départ la règle qui inspira
l'arrêt de la cour de cassation du 4 août 1915, à savoir
que le changement fatal de circonstances souvent décisives, qui se produirait après un certain temps, rentre
dans les risques et profits inséparables de toute convention. Mais dans son application, pareille règle n'échappe
pas à la doctrine de l'abus des droits ; et cette doctrine
pourra toujours être invoquée, lorsque le cours des choses
se sera modifié à un point tel que celle des parties qui
refuserait d'en tenir compte agirait de mauvaise foi et à
l'encontre de la morale sociale.

Il est remarquable d'ailleurs que la loi elle-même se
charge parfois d'apporter, à raison d'un bouleversement
des circonstances, certaines atténuations notables à la
règle de la foi absolue due aux contrats.

L'exception la plus topique de ce genre, qu'on rencontre dans le droit suisse, est peut-être celle qui est for-

mulée, au sujet de l'entreprise à forfait, par l'art. 373, al. 2, du code fédéral des obligations de 1911 : « Toutefois, si l'exécution de l'ouvrage est empêchée ou rendue difficile à l'excès par des circonstances extraordinaires, impossibles à prévoir, ou exclues par les prévisions qu'ont admises les parties, le juge peut, en vertu de son pouvoir d'appréciation, accorder soit une augmentation du prix stipulé, soit la résiliation du contrat ».

Même dans les pays régis par le code français de 1804, la jurisprudence semble s'enhardir à réprouver l'exercice abusif de droits contractuels. Rappelons l'arrêt du Conseil d'État du 30 mars 1916 (1) : ici l'on fait rentrer dans la force majeure, des événements qui rendent l'obligation *plus lourde qu'on ne pourrait le prévoir*. Cette *théorie de l'imprévision*, M. Maurice Hauriou (2) approuve son application en matière administrative et hésite à admettre son extension à la vie civile, parce que, dit-il, la vie administrative n'est pas montée au même diapason que la vie civile en ce qui concerne la responsabilité des risques. Et pourtant n'est-ce pas une véritable théorie civiliste de l'imprévision que nous trouvons appliquée, et par l'art. 373 al. 2 du code fédéral suisse de 1911 et même par maintes décisions de tribunaux français parmi celles que relèvent MM. Gaston Morin et René Demogue aux endroits cités *supra*, p. 127.

Voici à cet égard, dans la jurisprudence belge aussi, un arrêt récent, digne d'être signalé ici, encore qu'il semble, en la forme, étayé d'une interprétation littérale et servile du texte du code.

(1) *Supra*, p. 129.
(2) SIREY, 1916, III, p. 18.

Un locataire d'immeuble avait obtenu de son bailleur, avant la guerre, une option d'achat ou promesse de vente à un prix fixé. Après la guerre, le locataire déclare adhérer à la promesse de vente; mais à ce moment, à raison du renchérissement considérable du prix de toutes choses, le prix fixé dans la promesse d'avant-guerre paraît dérisoire. En conséquence le vendeur demande la rescision de la vente pour lésion de plus des sept-douzièmes, conformément à l'art. 1674 du code civil. La cour de Bruxelles adopte cette thèse et désigne des experts qui auront à évaluer actuellement (après-guerre) l'immeuble litigieux.

Sans doute la cour justifie-t-elle sa décision, en proclamant que c'est au moment de la vente qu'il faut se placer pour estimer l'immeuble, et que, dans l'espèce, la vente ne s'est parfaite que par l'adhésion de l'acheteur, c'est-à-dire après le renchérissement des prix. Ce raisonnement de pure technique juridique, qui fait penser aux méthodes d'interprétation littérale d'un Laurent, est emprunté par la cour de Bruxelles à une décision récente de la cour de cassation de France du 14 novembre 1916 (1).

Personne ne méconnaîtra pourtant que le raisonnement de la cour de Bruxelles est singulièrement fragile : car si les auteurs s'accordent à dire, — avec l'art. 1675 c. c., — qu'il faut se placer au moment de la vente pour estimer s'il y a lésion, ils entendent par là enlever aux contractants toute possibilité de spéculer sur les fluctuations qui se produiraient entre la vente et la demande de rescision. C'est ce qu'enseigne M. Planiol (2) : et c'est aussi

(1) SIREY, 1920, I, p. 365.
(2) *Droit civil.* 8e édit. II, 1921, n° 1592.

le point de vue adopté par la Cour de Caen, dans un arrêt du 5 avril 1916, annoté par M. R. Japiot (1). Cet arrêt consacre une solution opposée à celle de l'arrêt de la cour de cassation du 14 novembre de la même année. Tandis que la cour de cassation se confine dans une interprétation littérale inflexible de l'art. 1675 c. c., l'interprétation plus souple de la cour de Caen semble bien mieux en harmonie avec le but des dispositions qui donnent au vendeur le droit à la rescision pour lésion. Aussi tout le monde s'accordera à dire avec M. Japiot que, malgré l'arrêt de la cour de cassation, il n'est pas permis de considérer comme définitivement tranchée la question difficile et obscure des conditions de la rescision pour lésion à la suite d'une promesse de vente à un prix fixé.

En vérité, pour apprécier s'il y a lésion, il faut normalement s'en tenir au moment où le prix a été définitivement fixé par la conclusion du contrat ; et les fluctuations ultérieures sont indifférentes. Or ce raisonnement, appliqué à l'espèce particulière d'une option d'achat à prix fixé, ne conduit-il pas à dire que, pour estimer s'il y avait lésion dans pareille fixation du prix, il fallait se placer au moment où ce prix avait été définitivement arrêté entre les parties, c'est-à-dire au moment de la promesse qui engageait irrévocablement le vendeur (2) ?

Ceci est également l'opinion de M. René Demogue, parce que, en ayant égard aux fluctuations de valeurs postérieures à la fixation du prix, on mettrait le bénéficiaire de l'option d'achat dans une perpétuelle incertitude. En

(1) SIREY, 1920, II, p. 113, avec la notice de M. R. JAPIOT.
(2) PLANIOL, *Droit civil*, 8ᵉ édit., 1921, nᵒˢ 1398 et s. ; comparer : POTHIER, *Vente*, nᵒ 453.

d'autres termes l'application littérale de l'art 1675 c. c. à l'espèce particulière d'une option d'achat conduirait à une solution qui méconnaîtrait les plus élémentaires exigences de l'utilité sociale (1).

L'argumentation de la cour de Bruxelles n'évoque-t-elle pas le souvenir des expédients d'interprétation du genre de ceux qui furent utilisés naguère pour valider des stipulations pour autrui, en dépit de la disposition de l'art. 1119 c. c. (2)? En réalité la cour, guidée par un instinct sûr, a pris une décision parfaitement équitable : elle n'a pas cherché à s'abstraire du bouleversement apporté par la guerre aux conditions de la vie, et elle a senti qu'il fallait parfois réprouver l'attitude d'un contractant qui prétendrait s'entêter dans l'exécution de son contrat, comme si rien n'était changé. Sans peut-être s'en rendre compte exactement et en s'en défendant même énergiquement, la cour de Bruxelles a fait ici une judicieuse application de la doctrine de l'abus de droit, telle qu'on l'entend en Allemagne et en Suisse : le cours des choses s'est modifié si profondément que l'acheteur, qui refuse d'en tenir compte et poursuit *ne varietur* l'exécution de son contrat, ne semble plus être de bonne foi et commet en tout cas un abus de droit qu'il convient de réprimer (3).

La doctrine de l'abus des droits et la crise des logements. — Rappelons aussi que, au sujet de l'exécution

(1) DEMOGUE (René), *Traité des obligations*, II, p. 112, note 1.
(2) *Supra*, p. 90.
(3) Cour de Bruxelles 5 avril 1922 ; *Belgique judiciaire*, 1922, col. 392-399.

d'un autre contrat civil, la fin de la guerre a fait apparaître, de façon particulièrement pénible, un abus du même genre, auquel, — à raison de sa gravité et de sa généralité, — il a dû être porté remède par des lois d'expédients, qui font tout simplement application de la doctrine de l'abus des droits.

La pénurie des logements avait provoqué, grâce à la combinaison du principe de la liberté des contrats avec la loi de l'offre et de la demande, une hausse démesurée du prix des loyers. Les locataires heureux, qui pouvaient se prévaloir d'un bail en cours, entendaient se tenir à la lettre de leur contrat et continuer à payer un loyer minime ; d'autre part les propriétaires, à l'expiration des baux, étaient sans pitié : ils ne renouvelaient bail qu'à un taux usuraire et expulsaient les locataires incapables de se soumettre à des conditions trop onéreuses.

Il est certain que, dans les circonstances nouvelles créées par la guerre, il y avait abus manifeste, tant de la part des locataires que des bailleurs, à prétendre s'en tenir rigoureusement à la lettre de leur ancien contrat. Seulement ici le correctif à l'abus de droit ne pouvait être attendu du jeu normal de la jurisprudence. Tous les juges sont ou locataires ou propriétaires, et il fallait craindre un certain flottement et manque d'unité dans les décisions de la justice. Au surplus il s'agissait ici d'une crise aiguë, généralisée et très grave, provoquée brusquement par des événements extraordinaires. Il convenait donc d'appliquer un remède rapide et radical. Aussi est-ce le législateur qui est intervenu ; mais son intervention s'est bornée en somme à enrayer l'exercice abusif des droits contractuels naissant du bail à loyer.

Ce furent : en France, les lois du 9 mars 1918 et du 31 mars 1922 (1) ; en Belgique, la loi du 23 octobre 1919 réprimant la spéculation illicite sur les loyers et la loi du 20 février 1923 sur les loyers ; en Allemagne, le *Reichsmietengesetz* du 24 mars 1922.

L'abus de droit réprimé par ces lois d'expédients, c'est avant tout l'abus d'un bailleur, qui prétendrait un loyer usuraire. Peut-être un pur logicien trouvera-t-il cette intervention législative trop timide, parce qu'un abus semblable est à craindre de la part de tout capitaliste indistinctement que les circonstances d'après-guerre poussent à prétendre un intérêt usuraire de son capital. Cette critique témoignerait pourtant d'un sens plus affiné de la pure dialectique que de l'histoire et de l'observation attentive des faits. N'est-il pas constant que les réactions du législateur se produisent empiriquement et avant tout à l'encontre des perturbations le plus manifestement sensibles à la masse ? Faut-il rappeler, par exemple, que la règle générale de l'art. 1382 c. c., qui nous impose la responsabilité de tout dommage causé par notre faute, trouve historiquement son point d'irruption dans une disposition particulière romaine, qui nous rendait responsable du fait d'avoir tué l'esclave ou le bétail d'autrui ?

(1) Consulter : DÉJARDIN (JACQUES), *La prorogation des baux d'après les lois de la guerre*, dans la « Revue trimestrielle de droit civil », XX, 1921, p. 57-92 ; *Texte et commentaire détaillé de la loi du 31 mars 1922 portant fixation définitive de la législation sur les loyers*, dans DALLOZ, 1922, IV, p. 73-108.

Objections de principe à la doctrine de l'abus des droits. — Nous croyons avoir suffisamment montré que la doctrine de l'abus des droits est salutaire et féconde, parce qu'elle prête aux règles légales une flexibilité, qui permet de les réajuster toujours aux transformations du milieu social.

Pourtant la théorie de l'abus des droits est réprouvée par deux tendances très différentes.

Certains esprits novateurs, qui subissent l'emprise d'une logique inflexible, font le raisonnement suivant : Les formules légales individualistes sont fausses ; que le législateur les corrige donc lui-même et qu'il substitue, une fois pour toutes, à la notion fausse des droits subjectifs, la notion de la fonction sociale des individus. A leur sens, l'individu n'a pas de droits subjectifs, mais il a une fonction sociale à remplir, et c'est l'accomplissement de la fonction sociale de chacun, qui doit être organisé et réglementé directement par la loi.

Ce système de négation des droits subjectifs est brillamment développé par M. Léon Duguit, dans la plupart de ses publications, et clairement résumé dans *Les transformations générales du droit privé depuis le code Napoléon*, Paris, 1912, où l'on trouvera la critique de la doctrine de l'abus des droits, aux pages 196 à 202 (1).

Actuellement, ajoute-t-on, l'enchevêtrement des rapports sociaux est tel, que c'est dans des groupements organisés, que chacun remplit sa fonction sociale. Il s'ensuit que le code de demain doit être, non plus un *code des individus*, mais un *code des groupements*. Au lieu de

(1) Lire aussi : Duguit (Léon). *Traité de droit constitutionnel*, 2ᵉ éd., I, 1921, p. 173 et s.

reconnaître aux individus des droits subjectifs, le législateur aura à donner un statut organique aux innombrables groupements, dont l'enchevêtrement constitue la société contemporaine (1).

Le système législatif qui éliminerait la notion des droits subjectifs, pour y substituer la notion de la fonction sociale, romprait brusquement avec une tradition immémoriale. Nos habitudes séculaires de penser et de parler nous ont rendu tout à fait familière la conception des droits subjectifs. Si tout à coup le législateur faisait table rase de ces habitudes invétérées, et que, au lieu de définir des droits subjectifs, il s'attachât exclusivement à déterminer les modes d'accomplissement de la fonction sociale de chacun, ne serions-nous pas quelque peu déconcertés, et est-il bien sûr que le langage tout nouveau du législateur aurait d'emblée la clarté souhaitable ?

A côté du reproche purement formel de rompre brusquement avec une tradition solidement ancrée, on peut faire un grief plus grave au système, qui tendrait à substituer au *code des individus* ou des droits subjectifs, un *code des groupements* ou des statuts organiques des innombrables groupes sociaux. L'établissement du statut organique de groupements nous ramène aux formules législatives rigides, qui forcément paraîtront vite surannées : il suffit que, dans l'activité des groupements organisés, surgisse une combinaison nouvelle et imprévue, pour que la formule légale figée refuse ses services.

En voici un exemple : Dans le système préconisé, au

(1) MORIN (Gaston), *La révolte des faits contre le code*, 4ᵉ éd., Paris, 1920 ; à rapprocher de HOFFMANN (René), *Le boycottage devant les cours anglaises*, 1901-1923, p. 108 et s.

lieu que les prérogatives individuelles ou droits subjectifs soient définis par la loi, ce sont les pouvoirs des organismes corporatifs, dans lesquels sont coordonnées les
activités individuelles, qu'il incombe au législateur de délimiter exactement. Ceci conduit fatalement à un régime
de réglementation rigide. Ainsi ceux qui ont foi en la
vertu d'un *code des groupements,* substitué au *code des
individus,* s'accordent à formuler le principe fondamental, que l'activité d'un syndicat n'est licite que pour
la défense des intérêts économiques, industriels, commerciaux ou agricoles des membres d'une profession. La
conséquence de ce dogme fondamental est, qu'il y aurait
grève illicite, si un syndicat décrétait une grève ayant un
but politique ou religieux, ou une grève de solidarité,
destinée à soutenir les prétentions de corporations
d'autres professions (1).

A première vue, rien ne paraît plus rationnel et plus
légitime que pareille délimitation des pouvoirs légaux
d'un syndicat. Et pourtant un événement assez récent a
montré clairement qu'il pourrait se rencontrer des circonstances où cette formule législative paraîtrait trop
étriquée. L'événement s'est passé à Berlin, en mars 1920 :
c'est la conspiration Kapp. Brusquement et sans coup
férir, les conspirateurs occupent la ville, qu'ont abandonnée le président de la république et les ministres. Le
coup d'Etat semble donc avoir complètement réussi.
Mais les conspirateurs avaient compté sans les syndicats :
la grève générale est décrétée ; les chemins de fer s'arrêtent ; la ville isolée et menacée de famine est aban

____

(1) En ce sens : MORIN, *op. cit.,* p. 147 et s.

donnée par les conspirateurs. Ainsi l'ordre public est rétabli rapidement et pacifiquement. Et cependant, selon les formules législatives rigides du *code des groupements*, l'acte des syndicats eut été doublement illicite ; car c'était à la fois une grève à but politique et une grève de solidarité.

N'est-il pas démontré péremptoirement par là que la formule législative, qui peut conduire à pareille conséquence, a besoin, elle aussi, d'un correctif d'assouplissement, semblable à celui que fournit la doctrine de l'abus des droits ; car cette dernière doctrine se refuserait en tout cas à voir un abus dans un exercice du droit de grève qui, s'inspirant d'une intention louable, donnerait un résultat si salutaire que le rétablissement de l'ordre et de la paix publique sans effusion de sang (1).

Les dangers chimériques du pouvoir arbitraire des juges. — L'extrême flexibilité, qui est la qualité maîtresse de la doctrine de l'abus des droits, suscite à celle-ci une autre catégorie d'adversaires : les juristes restés fidèles à l'ancienne méthode purement déductive. Ceux-ci sont effrayés par la latitude laissée au juge dans l'appréciation des abus de droits. Ne faut-il pas craindre que l'application de la doctrine de l'abus des droits ne livre les justiciables, sans défense, à l'arbitraire des juges ?

En théorie, peut-être. En pratique, nullement. Qu'on se reporte, par exemple, aux judicieuses observations sur le *pouvoir discrétionnaire* du juge, réunies par

(1) Comparer : *supra*, p. 124-126.

M. François Gény (1), et aussi aux réflexions de M. Eugène Huber, à propos de l'article 1ᵉʳ du code civil suisse de 1907 (2).

Il ne faut pas se représenter le juge comme une entité constituée uniquement de propriétés déplaisantes ou fâcheuses, et dépourvue de la clairvoyance moyenne ou du bon sens commun. Ceci est la conception fausse des plaideurs malheureux. Dans la réalité, le juge, c'est l'homme dans la rue (*the man in the street*), que ses fonctions n'immunisent nullement contre les actions et réactions du milieu social ; c'est l'homme qui a les qualités et les défauts de tout le monde. Or parmi les propriétés communes à tous, il en est une qui n'est certes pas étrangère au monde judiciaire : la fidélité à la tradition.

La tradition est un frein à la mise en œuvre des idées novatrices. Ce frein n'est pas une création artificielle : il est fourni par une force à laquelle personne n'échappe, la force de l'habitude. Dans une analyse très fine, M. Perreau (3) remarque que « l'habitude enserre toute notre conduite et, consciemment ou à notre insu, guide l'ensemble de nos actions. Sur bien des points l'homme le plus irrégulier a ses habitudes, et le plus affranchi des

(1) *Méthode d'interprétation et sources en droit privé positif*, 2ᵉ éd., II, 1919, nᵒ 176 *bis*, p. 182-190.
(2) *Supra*, p. 76-77.
(3) *Du rôle de l'habitude dans la formation du droit privé* ; « Revue trimestrielle de droit civil », X, 1911, p. 229-316. — *Adde* : PERREAU, *Technique de la Jurisprudence en droit privé*, 1923, I, p. 111 et s. : Influence de la tradition ; II, p. 180 et s. : Contrôle judiciaire de l'exercice des droits.

préjugés sociaux a le respect du précédent. Que ce soit par tendance au moindre effort ou, c'est tout un, par esprit d'imitation, la plupart des gens ne sont que des horloges ou des moutons de Panurge. A force de voir les mêmes actes se répéter indéfiniment de la même façon, la grande masse ne conçoit pas les relations sociales autrement qu'elle les a vues fonctionner, et compte absolument que leur cycle se déroulera toujours dans le même sens. En un mot, nos sentiments instinctifs nous portent à suivre constamment nos habitudes. »

Le frein que la tradition met aux tendances novatrices est un fait social indiscutable. Est-il téméraire d'affirmer que ce frein agit particulièrement sur l'activité judiciaire? Le juge est, instinctivement et par éducation, porté à respecter les précédents, à l'effet d'assurer à la jurisprudence cette stabilité relative qui convient à l'harmonie sociale.

Disons donc en toute confiance que, si la doctrine de l'abus des droits bouscule un peu l'élégance compassée des rigides définitions légales, la mentalité des juges, chargés de la mise en œuvre de cette doctrine, suffit à nous préserver efficacement d'écarts inattendus et funestes.

L'expérience ne nous enseigne-t-elle pas que l'esprit essentiellement traditionaliste des juges fait de l'activité judiciaire un facteur bien timide du progrès social? Ce qu'il faut craindre d'un juge abandonné à ses impressions personnelles, n'est-ce pas qu'il piétine sur place et tente même de reculer, plutôt que de bondir trop impétueusement en avant?

Cette constatation vient d'être faite une fois de plus par

M. Edouard Lambert (1), à propos du fonctionnement, aux États-Unis, du régime qui confie aux tribunaux le contrôle de la constitutionnalité des lois : la mise en œuvre de ce régime se caractérise ici par une énergique réaction de la jurisprudence contre la législation sociale. Et les judicieuses observations de M. Edouard Lambert sur la mentalité professionnelle du magistrat de tous les pays sont de nature à rassurer les esprits timorés, qui craindraient la témérité des juges dans l'application de la doctrine de l'abus des droits.

En ce qui concerne la déformation professionnelle du monde judiciaire américain, M. Lambert reproduit la constatation formulée par le juriste américain M. Clarke B. Whittier : « Il n'est guère douteux que les juristes forment l'un des éléments les plus conservateurs de notre population. Les banquiers, les grands manufacturiers, les capitalistes en général sont naturellement craintifs de changements dont ils ne peuvent prévoir l'effet. Il est presque également naturel que leurs conseillers légaux, placés dans un contact étroit avec eux et apprenant ainsi à voir et à apprécier par leur point de vue, partagent leur conservatisme. Les hommes qui donnent son caractère au barreau américain sont les *legal advisers*. Le reste du barreau suit dans l'ensemble leur direction. En outre, l'entraînement quotidien du juriste, l'éternelle chasse au précédent, la grossière flatterie dont le *common law* est l'objet dans les traités de droit vieux ou récents, tout incline le juriste à regarder vers le passé et à se fier à lui uniquement ou, tout au moins, principalement ».

(1) *Le Gouvernement des Juges et la lutte contre la législation sociale aux États-Unis.* Paris, 1921.

Puis M. Lambert poursuit : « Le tableau que M. Whittier dresse pour les Etats-Unis est vrai pour tout pays. Et il pourrait ajouter que le juge apporte à la défense de ses dogmes traditionnels d'autant plus d'énergie et d'intolérance qu'il a conscience de lutter, non pas pour la sauvegarde de vulgaires intérêts professionnels, mais pour la sauvegarde de sa foi et de son idéal professionnels. Individuellement, des juristes égarés dans des partis d'avant-garde peuvent se laisser entraîner un instant par l'excitation de la bataille à développer des idées utopiques ou réformatrices. Mais ils ne sont pas plutôt rendus à leurs études professionnelles, qu'ils reviennent d'instinct au culte du tradionalisme comme à leur vocation corporative et à leur raison d'être sociale. L'influence de l'éducation et de l'environnement, la discipline exercée par la crainte révérentielle de l'opinion des collègues et de celle des fidèles, l'aptitude de l'esprit de corps à plier les nouveaux venus sous la règle uniforme de conduite, se manifestent avec autant d'énergie sur cette prêtrise du droit, qu'est la magistrature, que sur n'importe quel autre clergé. Très démonstratif, à cet égard, est l'exemple américain. Des judicatures d'Etat ouvertes à l'élection populaire ont déployé dans la lutte contre les audaces de la législation ouvrière et sociale une ardeur au moins égale à celle qu'y apportaient les judicatures recrutées par la nomination gouvernementale, comme la judicature du Massachussett's ou la judicature fédérale. Les abbés Guitrel de la magistrature américaine ne sont pas plutôt installés sur le banc, qu'ils se sentent enveloppés par la grâce sacerdotale et éprouvent le besoin de racheter par l'orthodoxie et la rigidité de leurs attitudes les concessions au modernisme et les promesses de tolérance qu'il leur a fallu faire pour obtenir l'investiture du chef du parti prédominant et la désignation du suffrage universel. A plus forte raison peut-on croire que nos juges, s'ils étaient appelés à la même fonction de veilleurs constitutionnels, la rempliraient avec la même vigilance et la même incorruptibilité, eux qui ne risquent pas d'être troublés par le souvenir de promesses électorales ou par les soucis d'une réélection ».

Faut-il rappeler aussi que le trop servile attachement du juge aux précédents, est depuis longtemps un thème favori des humoristes ? « C'est une maxime, dit Gulliver, parmi les juristes, que tout ce qui a été déjà fait peut être légalement refait ; et c'est pourquoi ils prennent grand soin de relever toutes les décisions déjà prises contre la justice commune et la raison générale de l'humanité. Ils les produisent, sous le nom de précédents, comme autorités pour justifier les opinions les plus iniques ; et les juges ne manquent jamais de décider en conséquence (1) ».

Ce travers, qui relève d'une tendance salutaire des juges à la fixité du système juridique, est en réalité une trop solide garantie contre l'audace des innovations jurisprudentielles. Il suffit au surplus, de se reporter aux pages de Dicey (2) pour se rendre exactement compte de la marche lente imprimée au *judge-made law* par les idées éminemment conservatrices des juges anglais.

Une dernière considération rassurera sans doute com-

(1) Swift, cité par Dicey, *Leçons sur les rapports entre le droit et l'opinion publique*, p. 345, note 1.
(2) *Supra*, p. 67, note 3.

plétement ceux qui persisteraient à redouter les applications téméraires de la doctrine de l'abus des droits, laquelle met au juge la bride sur le cou. N'oublions pas que la tendance à rendre la main aux juges et fonctionnaires, chargés de veiller à l'application des préceptes législatifs, a un caractère général ; qu'elle se développe, non seulement dans le domaine du droit civil, mais même dans le droit pénal, où il semble cependant que le dogme de la souveraineté absolue du législateur doive régner sans partage. En droit pénal, c'est le système des peines indéterminées et des condamnations et libérations conditionnelles qui donne à l'administration de la justice, une grande latitude dans l'application des prescriptions impératives de la loi.

On accorde aux tribunaux, dans certaines limites, le pouvoir de décider qu'il sera sursis à l'application de la peine prononcée, au point qu'une condamnation strictement conforme aux injonctions de la loi pénale, pourra finalement, s'il plaît au juge, être considérée comme non avenue. Des fonctionnaires administratifs et judiciaires sont investis du pouvoir d'ordonner, dans certaines conditions, une mise en liberté conditionnelle, avant l'accomplissement de la peine prononcée selon les prescriptions impératives de la loi. On propose même d'ajouter, au pouvoir du juge d'entraver l'exécution des condamnations prononcées, la latitude de prévenir toute application de la loi pénale, dans certains cas, notamment lorsqu'il existe des raisons de croire qu'un inculpé est en état de démence, d'insuffisance ou de déséquilibre mental (1).

(1) Voir : loi du 14 août 1885 sur les moyens de prévenir la récidive (libération conditionnelle, patronage, réhabilitation) ; loi du

Le système qui laisse au juge répressif, en quelque mesure, la latitude de doser le danger social que présente chaque délinquant, s'inspire directement de la théorie de la défense sociale. L'application de cette doctrine salutaire n'est possible que moyennant un assouplissement des prescriptions de la loi pénale. Et pareil assouplissement ne peut s'obtenir qu'en rendant la main aux juges et fonctionnaires, chargés de mettre en œuvre les formules de la loi pénale.

La crainte de l'arbitraire du juge n'a pas fait reculer les esprits réfléchis et pondérés, auxquels nous devons les lois sur la condamnation et la libération conditionnelles, ainsi que les projets de lois de défense sociale à l'égard des anormaux. Contestera-t-on sérieusement que l'arbitraire du juge soit infiniment moins redoutable dans la mise en œuvre de la doctrine de l'abus des droits privés ?

Ajoutons que l'incertitude du commerce juridique, qui pourrait résulter d'une mise en œuvre inconsidérée de la

26 mars 1891 relative au sursis à l'exécution des peines; loi du 22 juillet 1912 sur les tribunaux pour enfants et adolescents et sur la liberté surveillée. Lois belges : du 31 mai 1888 établissant la libération conditionnelle et les condamnations conditionnelles dans le système pénal, du 15 mai 1912 sur la protection de l'enfance. Le conseil supérieur des prisons de Belgique vient d'élaborer un projet de loi de défense sociale à l'égard des anormaux, des délinquants d'habitude et de l'adolescence coupable « *Revue de droit pénal et de criminologie* », Bruxelles, 1922, p. 386-389, 482-483, présenté aux Chambres belges par le ministre de la justice le 14 février 1923. Dans le même sens : Rapport sur le projet préliminaire du code pénal italien et texte de ce projet, traduction de L. Guvard, Rome, 1921. — Sur l'état actuel de la science pénitentiaire, consulter l'aperçu sommaire de M. le professeur E. Garçon, *Le droit pénal*, Paris, 1922.

théorie de l'abus des droits, se trouverait singulièrement tempérée par le développement de l'activité judiciaire préventive sous la forme de jugements déclaratoires. On rencontre, dans la civilisation anglo-saxonne et dans l'organisation judiciaire allemande, cette procédure déclaratoire, qui tranche une controverse en l'absence d'un litige provoqué par une lésion effective, ou qui tend à faire dire le droit aux justiciables, sans forcer ceux-ci à accomplir préalablement un acte susceptible d'être inte. prété comme une transgression de leur droit. La fonction de pareille procédure est caractérisée fort justement par M. Michel Magnard (1), en ces termes : « Destinée non pas à trancher, mais à prévenir les litiges, la procédure déclaratoire est à la procédure contentieuse ordinaire ce que la médecine préventive est à la médecine curative. D'où le nom de procédure préventive ou remède juridique préventif, que les juristes anglais et américains lui donnent couramment ».

La lecture de l'excellent livre de M. Michel Magnard, consacré à cette nouvelle forme d'activité judiciaire, la justice préventive, nous montre qu'il n'est pas interdit d'entrevoir le jour où la procédure déclaratoire pourrait s'épanouir aussi en droit français, procurant ainsi au justiciable, que les circonstances feraient hésiter à agir, la possibilité d'obtenir préventivement en justice la détermination du point précis où cesse pour lui le droit et où commence l'abus.

Conclusion. — En résumé, une observation impar-

(1) *Les jugements déclaratoires* : Bibliothèque de l'Institut de droit comparé de Lyon, 1922, p. 4.

tiale des faits nous a conduit à constater qu'un précieux facteur du progrès de la dynamique juridique se trouve, pour le droit pénal, dans l'individualisation des peines par le juge (1), et pour le droit civil, dans la latitude laissée au juge appelé à délimiter les droits individuels, ou en d'autres termes, dans « une individualisation judiciaire des droits privés (2) ».

La même pensée est exprimée par M. Perreau, quand il écrit : « Si l'étendue considérable des pouvoirs du juge risque de dégénérer en arbitraire, il est un péril inverse non moins redoutable, c'est que chacun, s'appuyant obstinément sur la lettre de la loi, se retranche dans son prétendu droit avec un égoïsme farouche. La jurisprudence française, relative au contrôle judicaire des droits, a pour objet d'éviter le second abus, avec assez de mesure pour ne pas tomber dans le premier ».

En conséquence, M. Perreau dégage de l'ensemble de ses recherches, la très judicieuse conclusion suivante : « La garantie des citoyens, a-t-on souvent répété, se trouve dans la séparation des divers pouvoirs. Il nous semble qu'elle ne se rencontre pas moins dans leur collaboration (3) ».

Le chevauchement des divers pouvoirs crée peut-être, pour les inflexibles logiciens, quelque peu d'anarchie. Ne

(1) SALEILLES, *L'individualisation de la peine*, 2ᵉ éd. par G. MORIS, Paris, 1909 ; PRINS (Adolphe), *La défense sociale et les transformations du droit pénal*, Bruxelles, 1910.

(2) GÉNY, *Méthode d'interprétation*, 2ᵉ éd., I, 1919, p. 213, note 3.

(3) PERREAU, *Technique de la jurisprudence en droit privé*, 1923, II, p. 332 et 324.

nous en effrayons point, et méditons plutôt la profonde vérité, frappée naguère par Jean Cruet (1), dans cette formule lapidaire saisissante : « Beaucoup d'anarchie, c'est le désordre, mais un peu d'anarchie c'est le progrès ».

Pareille conception ne cadre-t-elle pas à merveille avec l'incertitude et la perpétuelle anxiété du nouveau, qui caractérisent notre vie moderne et différencient profondément notre activité mentale de celle de nos pères ? « Là, où un rêveur du xviii° siècle, — écrit M. Maxime Leroy (2), — ne voyait que fixité, éternité, certitude, le publiciste du xx° voit, doit voir un impétueux mouvement de faits qu'il sait devoir se modifier à mesure qu'il coule vers un avenir dont il ne comprendra pas la tendance, s'il n'en est pas passionnément curieux ».

(1) *La vie du droit et l'impuissance des lois*, p. 84.
(2) Revue « Europe » du 15 août 1923, Paris, F. Rieder et Cie, p. 325.

ADDITIONS

A la page 40, à la suite du premier alinéa, il convient d'ajouter que le projet de loi interprétative du 18 janvier 1923 est devenu maintenant la loi belge du 7 juillet 1923.

A la page 50 note 1, à propos du solidarisme, il importe de signaler une distinction nouvelle, séduisante par sa délicatesse et peut-être aussi par sa fragilité, que propose M. Paul Huvelin, dans la « *Revue de l'Université de Bruxelles,* » année 1923-1924, p. 41-63. Il conviendrait, dit il, de tracer parmi les cohésions humaines, une distinction entre la *solidarité*, fille de la sympathie due aux ressemblances, et l'*interdépendance*, fille des besoins réciproques dus aux dissemblances : la *solidarité*, qui exprimerait un lien d'attraction sympathique entre semblables, aurait le caractère d'une force plutôt *morale* s'imposant sans contrainte extérieure ; par contre l'*interdépendance*, qui désignerait les liens nés de la différenciation, appellerait, pour concilier les antagonismes issus des dissemblances, une contrainte sociale organisée, c'est-à-dire une sanction *juridique*.

A la page 134 note 3, il faut ajouter que la cour de cassation de Belgique s'est ralliée à la thèse de la cour de Bruxelles, dans son arrêt de rejet du 13 juillet 1923, rapporté dans la « *Pasicrisie belge,* » année 1923, 1ᵉ partie, p. 441.

TABLE DES MATIÈRES

CHAPITRE PREMIER

Notion du droit et Rapport entre la force et le droit ..   1-45

L'introuvable définition du droit (1). — Les forces
normatives de la vie sociale : religion, morale, droit
(2). — L'imprécision des sciences morales et politiques (5). — Le droit et la sanction contrainte
(8). — Formation de l'idée du droit (9). — Méthode individualiste et méthode socialiste (11). —
La doctrine du droit naturel (14). — Le droit et
l'opinion publique (16). — Justice privée (20). —
Justice publique (24). — Survivances de la justice
privée (25). — La justice publique au service de
la conscience collective (29). — Le rôle de la conscience collective en droit international (33). —
Rapport du droit et de la force (39). — L'enseignement facteur de pacification sociale (40). —
Dangers du pur principe d'autorité (44).

CHAPITRE II

*Les organes d'expression du Droit. Le droit des
mœurs, le droit du juge et le droit du législateur* ..   46-72

Le droit et l'expression des règles juridiques (46). —
Coutume, décisions judiciaires et lois (48). —
Source réelle du droit et sources purement formelles des règles juridiques (49). — La coutume
et la jurisprudence en marge de la loi (51). — Les

Saint-Amand (Cher). — Imprimerie BUSSIÈRE

Reliure serrée

www.ingramcontent.com/pod-product-compliance
Ingram Content Group UK Ltd.
Pitfield, Milton Keynes, MK11 3LW, UK
UKHW021912070726
13613UKWH00001B/478